ホークスメソッド

HAWKS METHOD

勝ち続けるチームのつくり方

日比野恭三

日経BP

はじめに

プロ野球の取材に携わり始めて15年になる。

ある素朴な疑問が頭に居座るようになったのは、フリーランスのノンフィクションライターとなってから数年がたった頃だ。

2010年に総合スポーツ誌『Ｎｕｍｂｅｒ』（文藝春秋）の編集者となり、野球関連の記事を多く担当したのち、16年にライターとして独立した。その後は、編集者時代からのつながりもあって横浜ＤｅＮＡベイスターズを中心に取材活動を行うようになった。

当時のベイスターズは、12年に新たに親会社となったディー・エヌ・エー（ＤｅＮＡ）

のもと、着実に力をつけつつあった。勝率3割台に沈むことが珍しくなかった〝暗黒時代〟は過去のものとなり、上位争いに加わることも増えた。

だが、リーグ優勝にはどうしても手が届かない。シーズン終盤になると失速してしまったり、勝負どころといわれるような大事な試合に勝ち切れなかったり……。

1998年を最後にリーグ優勝から遠ざかるチームに接しながら、こう思わずにはいられなかった。

「いったい何が足りないのだろう。優勝できるチームと優勝できないチームの違いはどこから生まれてくるのだろう?」

疑問をついに放っておけなくなった2024年、取材を始めることにした。

対象に選んだのは、福岡ソフトバンクホークス。現体制となった05年から24年までの20年間でリーグ優勝7回、日本シリーズ優勝も7回を数える〝常勝〟チームだ。その間の通算勝率(レギュラーシーズンのみ)は5割7分0厘。12球団の中で最も高い。

15年以降の直近10年間に絞ると、ホークスの勝率は5割8分7厘に上昇する。2位の広島東洋カープとは5分以上もの差がある、圧倒的な数字だ。そして、5割を上回るパ・リ

■ホークスは直近の通算勝率で圧倒的な首位

プロ野球12球団の直近20年の通算勝率(2005〜24年)

1	ソフトバンク	.570
2	巨人	.542
3	阪神	.527
4	日本ハム	.511
5	西武	.507
6	中日	.496
7	ロッテ	.495
8	広島	.493
9	オリックス	.473
10	ヤクルト	.471
11	楽天	.468
12	DeNA(※)	.448

※TBS時代(〜11年)を含む

直近10年の通算勝率(15〜24年)

1	ソフトバンク	.587
2	広島	.531
3	巨人	.522
4	阪神	.521
5	西武	.498
6	DeNA	.4916
7	日本ハム	.4915
8	ロッテ	.488
9	楽天	.480
10	オリックス	.477
11	ヤクルト	.465
12	中日	.448

ーグの球団はホークス以外にない。直近10年間のパ・リーグの〝貯金〟をホークスがほぼ独占している状態なのだ。

現代のプロ野球における最強チームはホークス――。そこに疑いの余地はない。

本書が企画段階にあった24年の春から夏にかけてもホークスは好調を維持し、ペナントレースの先頭を快走していた。幸いにも球団の全面的な協力を得られることになり、同年の秋口から本格的な取材を始めた。福岡に幾度となく飛び、球団関係者へのインタビューを重ねていくうち、強さの裏側にあるものが徐々に浮かび上がってきた。

ここまで読んで「ホークスが強いのはそれだけ金をかけているからだろう」と鼻で笑いたくなった読者もおられるかもしれない。

その指摘は確かに間違ってはいない。野球データの分析などを手掛けるＤＥＬＴＡ（東京・豊島）によれば、ホークスの選手年俸総額（24年開幕時点）は63・3億円。2位につける読売ジャイアンツの44・5億円を20億円近くも上回るダントツの数字だ。球界唯一の4軍制を導入して大量の選手を抱えているうえ、練習施設の充実度も最高クラスと評されている。

ただし、それは要素の一つに過ぎない。

取材を通して見えてきたのは、ホークスが多面的な組織改革を断行してきた事実だ。改革の歯車はある時期を境にして回り始め、ときに挫折を経験しながらも、その動きは加速している。

24年のホークスは91勝49敗3分という圧倒的な戦績でパ・リーグ優勝を飾った。短期決戦の日本シリーズでセ・リーグ3位のベイスターズに敗れたものの、改革の成果を示したといえる1年だった。

〝勝ち続けるチーム〟はどのように構築されたのか。勝利の可能性を1％でも高めるための変革とはいかなるものなのか。ホークスのキーパーソンへの取材を通して、主にフロントの視点からその全容を徹底解剖したのが本書である。なお、登場する方々の所属や肩書は取材時点のものとし、敬称は略させていただいた。

ホークスは強いがゆえに、球界では〝ヒール（悪役）〟になりがちだ。だが、長年にわたる組織改革の内実と関係者の熱い思いを知れば、見方が変わるかもしれない。また、強い組織をつくりたいと考えるあらゆる方たちに有益な情報もきっと含まれているだろう。

ホークスファンをはじめとするプロ野球ファンはもちろんのこと、スポーツ全般やスポーツビジネスに興味のある方、組織マネジメントに興味のあるビジネスパーソンの方々にも、ぜひ本書を手に取っていただけたら幸いである。

日比野恭三

目次

取材した人たち

三笠杉彦(GM)
小久保裕紀(1軍監督)

倉野信次(投手コーチ[チーフ]兼ヘッドコーディネーター[投手])
斉藤和巳(4軍監督)
工藤公康(元監督、野球解説者)

関本塁(データサイエンスコーディネーター)
城所収二(R&Dグループ チーフ)
長谷川勇也(R&Dグループ)
石塚綜一郎(現役選手[捕手])
齋藤周(スカウティングサポート担当)

永井智浩(編成育成本部 本部長兼スカウト部 部長)
嘉数駿(球団統括本部付ディレクター兼スカウト部ディレクター)
牧田恭平(スカウティングコーディネーターなど)

須山晃次(野球振興部 部長)
宮本泰成(育成部)
小山亮(チーム戦略室 室長)
藤熊浩平(SHAPE Partners代表)
駒宮健大(SHAPE Partners)

城島健司(シニアコーディネーター)

※役職はいずれも2024年時点

■ホークスの1993年以降の成績とトピック

年	親会社	監督	順位	ポストシーズン	トピック
1993	ダイエー（1989〜）	根本陸夫	6位		福岡ドーム完成
94	ダイエー（1989〜）	根本陸夫	4位		小久保裕紀が入団
95	ダイエー（1989〜）	王貞治	5位		城島健司が入団
96	ダイエー（1989〜）	王貞治	6位		〝生卵事件〟
97	ダイエー（1989〜）	王貞治	4位		
98	ダイエー（1989〜）	王貞治	3位		21年ぶりのAクラス
99	ダイエー（1989〜）	王貞治	優勝	日本一	
2000	ダイエー（1989〜）	王貞治	優勝	日本シリーズ敗退	「ON対決」
01	ダイエー（1989〜）	王貞治	2位		
02	ダイエー（1989〜）	王貞治	2位		
03	ダイエー（1989〜）	王貞治	優勝	日本一	オフに小久保が巨人移籍
04	ダイエー（1989〜）	王貞治	2位（勝率1位）	PO②敗退	球界再編問題
05	ソフトバンク	王貞治	2位（勝率1位）	PO②敗退	育成ドラフト開始 オフに城島がMLB移籍
06	ソフトバンク	王貞治	3位	PO②敗退	7月より王監督休養
07	ソフトバンク	王貞治	3位	CS①敗退	小久保が復帰 希望入団枠制度が廃止に
08	ソフトバンク	王貞治	6位		10月に三笠杉彦が球団に加入

PO：プレーオフ　CS：クライマックスシリーズ

年	監督	順位	ポストシーズン	出来事
09	秋山幸二	3位	CS①敗退	選手、首脳陣にiPhone配布
10		優勝	CS②敗退	編成育成部を発足
11		優勝	日本一	3軍創設
12		3位	CS②敗退	小久保と城島（阪神）が現役引退
13		4位		
14		優勝	日本一	業務システム「Future Fastball」導入
15	工藤公康	優勝	日本一	
16		2位	CS②敗退	ファーム本拠地を筑後に移転
17		優勝	日本一	三笠が球団統括本部本部長に就任
18		2位	日本一	
19		2位	日本一	三笠が取締役GMに就任
20		優勝	日本一	城島が会長付特別アドバイザー就任 R&D部門を新設
21		4位		小久保が1軍ヘッドコーチ就任 8年ぶりのBクラス
22	藤本博史	2位	CS②敗退	小久保が2軍監督就任
23		3位	CS①敗退	4軍創設、コーディネーター制導入
24	小久保裕紀	優勝	日本シリーズ敗退	R&D「検定制度」開始
25				城島がCBO就任

序　章

改革を促した敗北

ラストゲーム

杜《もり》の都を雨が濡《ぬ》らしていた。

2008年10月7日、クリネックススタジアム宮城（現・楽天モバイルパーク宮城）――。

夕刻の試合開始を待つ選手たちの表情は、おおむね普段通りでありながら、どこか憂いを含んでいるようでもあった。

この日のナイターゲームで相まみえるのは、福岡ソフトバンクホークスと東北楽天ゴールデンイーグルスだ。64勝76敗3分の戦績で5位に並ぶ両軍が、同年パ・リーグのレギュラーシーズン最終戦で交わる。つまりは、負けたほうの最下位が確定する一戦である。

球場に漂う物悲しさの理由はそれだけではなかった。

ホークスの監督、王貞治がこの年限りでの退任を既に表明していた。読売ジャイアンツで5年（1984～88年）、ホークスでは14年（95～2008年）。合わせて19年の監督人生に終止符が打たれる、正真正銘のラストゲームだった。

試合は投手戦になった。ホークスは杉内俊哉、イーグルスは田中将大。両先発はともに

9回を無失点で投げ抜き、救援陣にあとを託す。スコアボードの延長12回表のところにまた「0」が刻まれる。もうホークスの勝ちはない。最後の守りのマウンドには馬原孝浩が送り込まれた。

だが、ピンチを迎えた。ノーアウト二塁で、打席には5番・指名打者の山﨑武司。その2球目だった。

鋭い打球が三塁手の頭上を越えたと見るや二塁走者がスタートを切る。躊躇《ちゅうちょ》なく三塁を蹴り、そのまま滑り込むこともなく笑顔で本塁を駆け抜けた。

イーグルスの選手たちがサヨナラ勝ちの喜びを分かち合うのを見届けてから、王はグラウンドに出た。2万人ほどの観客に両手を振り、頭を下げた。怒りと悲しさが入り交じったような硬い微笑を浮かべていた。声援と拍手がやまぬなか、背番号89は毅然とした足取りでベンチの奥へと姿を消した。

経営難に陥ったダイエーからソフトバンクがホークスを買収したのは04年オフのことだ。それより前の時代は、現体制にとってはいわば〝紀元前〟に当たる。その頃からの大きな流れをここで振り返っておこう。

関西私鉄の南海鉄道を親会社とする南海軍が産声をあげたのは、戦前の大阪である。戦後になって南海ホークスに改称。１９７０年代には「ノムさん」こと野村克也が選手兼任監督を務めたこともあったが、ジャイアンツが隆盛を誇った時代、全国的には月見草のようにあまり目立たぬ存在だった。88年、昭和の終わりとともに50年の歴史に幕を下ろした。

新たに球団の経営権を握ったのがダイエーだ。福岡市の平和台球場に本拠地を移して福岡ダイエーホークスとして歩み始めた。しかし、南海時代の後期から続く成績低迷の流れを断ち切れず、90年に至っては勝率３割2分5厘まで落ち込んだ。

転機が訪れるのは、福岡ドーム（現・みずほＰａｙＰａｙドーム福岡）が完成した93年。指導者、また実質的なゼネラルマネジャー（ＧＭ）として西武ライオンズの黄金時代を築き、その老練な交渉術から〝球界の寝業師〟との異名を取った根本陸夫が福岡にやってきた。監督兼代表取締役専務となった根本は、大胆なトレードやドラフト戦略などを駆使して戦力を充実させる一方、94年オフには自身の後任監督として王を招聘《しょうへい》することに成功した。

しばらく風雨に耐えたのち、一連の強化策は実りの季節を迎える。99年に26年ぶりのリーグ優勝を達成。日本シリーズも制した。

これで勝ち方を覚えたかのように、王ホークスの驀進《ばくしん》が始まる。

翌2000年にパ・リーグ連覇。03年には日本一。04年も、プレーオフで敗れて優勝の称号こそ逃したものの、レギュラーシーズンの勝率は1位だった。

しかし、チームの強さとは裏腹に、親会社は弱り切っていた。深刻な業績不振に陥り経営再建中のダイエーに、球団を保有し続ける握力はもはや残っていなかった。

こうして04年オフ、ソフトバンクによるホークス買収が成立したのだ。

オーナーとなった孫正義は、さっそく「世界一を目指す」との壮大な目標をぶち上げた。行く手に立ちはだかるのは、もちろんメジャーリーグの並み居る球団たちである。

孫はホークスのフロント（球団の運営会社）陣に対して当時の相場の4倍強に当たる「選手年俸総額100億円」への積み上げを指示すると、自らはアメリカに渡った。世界一になるには、世界一を決める舞台をつくる必要がある。日米球界の王者による〝世界一決定戦〟を開催しようとメジャーリーグ機構に直談判するための渡米だった。

機構を実質的に取り仕切っていた当時のナンバー2、ボブ・デュプイとの面会を果たすことはできたが、具体的な動きまでは引き出せなかったとされる(1)。現在もなお協議は継続しているが、世界一決定戦が実現するメドは立っていない。

孫は買収直後から、ビジネスに対する姿勢と同様に旺盛な行動力を発揮した。その一方で、現場には介入しようとしなかった。

自身は野球の門外漢で、ホークスは既に強い。だから王にチームの舵《かじ》取りの一切を託したのだ。GMの役目も兼ねた、いわゆる〝全権監督〟である。


ところが、ソフトバンク体制に移行したあとのホークスは次第に勢いを失っていく。

ダイエー時代の最後の6年間でリーグ優勝3回、日本一2回。ソフトバンク初年度の05年も、前年に続いてリーグ勝率1位をマークした（プレーオフで敗退）。王貞治という絶対的なリーダーがいて、戦績も申し分ない。それゆえに組織内部に変革への明確な動機が生じることはなく、旧態依然の球団運営から抜け出せなかった。

06年から2年連続で3位。07年のシーズンが終わったとき、王は選手たちの奮起を促そうと「来年がラストのつもりでやる」と覚悟を示したが、効果は限定的だった。

08年のホークスは8月終了時点では2位につけていながら、9月の月間成績5勝18敗と急失速し、みるみる順位を下げていく。そして、10月7日のパ・リーグ最終戦でイーグルス相手にサヨナラ負けを喫した。

つい3年前までは大空を悠然と舞っていた鷹が、とうとう最下位の谷に墜《お》ちたのだ。

当時を知る関係者の一人は言った。

「さすがに長くなりすぎた。でも、王さんだからこそ、あそこまでやれたんだと思います」

オーナーチェンジをまたいだ、一つの時代の終焉《しゅうえん》だった。

でっち奉公で行ってこい

王が退任した08年秋は、球団にとっての大きな転換点だった。この時期を境に、フロント、チームともに変化が起こり始めた。

フロント側の注目すべき動きは、現在のホークスGM、三笠杉彦が球団にやってきたことである。

三笠は岩手県釜石市の出身。父は新日本製鉄（現・日本製鉄）の社員で、新日鉄釜石が日本選手権7連覇を達成したときのラグビー部長だった。三笠自身、中学では野球部に属していたが、高校からは楕円球を抱えて走った。ポジションはバックスのセンターで、進学した東京大学では選手と分析担当を兼任した。

社会に出てからもラグビーへの熱は冷めなかった。仕事のかたわらで母校・東大の指導に当たり（04～05年はコーチ、06～07年は監督）、「いつかは日本ラグビー協会の会長に」との野心をひそかに温めていた。

そんな男が野球の道に進んだのは、大学卒業後に就職した日本テレコムがソフトバンクに買収されたことに端を発する。東大ラグビー部の監督を辞したあとの07年12月、持ち株会社（現・ソフトバンクグループ）に出向となり、「関連事業室」なる部署に配属された。

そこでの仕事について、三笠はややしわがれた独特の声で、こう振り返る。

「孫さんが投資した案件の事業管理をするんです。興味がほかに移って孫さん自身が投資したことをあまり覚えてないような会社もありましたよ。『これは絶対に当たる』と韓国の企業に投資したのに売り上げが全然上がらない、だとか。そういう会社がたくさんあって、減損会計の処理をしたり、会社を畳んだり。でも、あそこですごく鍛えられました」

このときの上司だったのが笠井和彦という人物である。富士銀行（現・みずほ銀行）副頭取や安田信託銀行（現・みずほ信託銀行）会長を歴任した銀行界の大物だ。63歳のとき、20も年下の孫に請われてソフトバンク取締役となり、ホークスの買収にも手腕を発揮。初代の球団社長に就任した。

ここに三笠とホークスの接点が生まれる。08年夏、笠井に声をかけられた。

「ホークスに興味はあるか」

「興味、あります」

そう答えた三笠に、笠井はうなずきながら言った。

「じゃあ、でっち奉公で行ってこい」


当時のホークスは2つの会社に分かれていた。福岡ソフトバンクホークスと、福岡ソフトバンクホークスマーケティングという会社だ（14年3月に合併）。前者はチームの強化・運営をつかさどる組織で、先に触れた通りその舵《かじ》取りは王に一任されていた。後者は主にビジネス面の強化を担う組織。親会社ソフトバンクからの出向者はこちらに所属することがほとんどだった。

球界参入から3年が過ぎ、前者の球団会社が足踏みしていることが明らかになりつつあった。笠井はそれまでノータッチを貫いてきたが、そろそろ新しい血が必要だと考えたらしい。三笠を球団会社のほうに送り込んだ。異例の人事だった。

既に故人となった笠井の思いを、三笠はこうおもんぱかる。

「なかなか強化が進まないから、ちょっと変な奴を入れてみたいと思われたんでしょう。そんなときに、僕が部下として入ってきた。僕はラグビーの監督をやっていたし、スポーツビジネスにも興味があって自分なりに勉強していました。そのことは笠井さんもご存じでしたから」

親会社が人を寄越そうとしてきたことに球団側は良い顔をしなかった。「でっち奉公で来るなら」と渋々受け入れた。

こうして三笠のホークス行きが決まる。偶然にも、王が監督を退任した08年10月のことだった。

当時の球団はソフトバンクの看板を掲げてはいたものの、その実態は「古い会社」のままだった。ダイエー時代から引き継いだ紙の会計伝票が使われていて、スカウトはPCすら持たずに業務に当たっていた。

通信会社出身の三笠に与えられた最初のミッションは、球団のIT化。孫から直々に、こんな指令を受けた。

「これを使って何かやれ」

差し出されたのは「iPhone」だ。ソフトバンクが日本での独占販売を始めたのが08年7月。まさしく時代の先端を象徴するデバイスだった。三笠はすぐに動き、データや試合映像を各端末で閲覧できるシステムを整える。09年には選手や首脳陣ら全員にiPhoneを配布。当人曰《いわ》く「IT化を担当しているお兄ちゃん」として奔走した。

翌10年には経営企画室次長兼編成育成部次長の肩書を得て、より広範に球団運営に携わるようになる。

ちなみに編成育成部とは、編成部と育成部を合体する形でこのとき新たに発足した部署だった。監督・コーチの人事やスカウティングによる選手の獲得など、チーム全体の陣容を整える編成部は、フロントの中核を担う部署。一方、若手選手の成長を促す育成部は、ユニフォームを着たOBの指導者が強い影響力を持つ、現場寄りの部署だ。事実上、育成部が編成部に組み込まれる形で一体化したことは、当時のホークスがフロント主導のチームづくりを志向し始めていたことの表れといえる。

新設の編成育成部で部長に就任したのが、05年からホークスの球団運営に関わってきた小林至（現・桜美林大学教授）だった。

小林は史上3人目の東大出身プロ野球選手として1992年に千葉ロッテマリーンズに入団。在籍2年で引退したのち、アメリカで経営学修士号を取得した。帰国後は江戸川大学助教授を務めつつプロ野球に関連する著作をいくつか発表した。

その一つが媒介となって、小林の存在が孫の目に留まる。ホークスを買収した直後、いきなり取締役として小林を招聘《しょうへい》した。

編成育成部で小林の部下となった三笠は、実行部隊のリーダー的な役割を担った。IT化の推進を継続させつつ、2011年の3軍制導入に向けた準備や、育成選手の増加に対応するための寮の増設などの実務面を取り仕切った。

物言うキャプテン

フロントに三笠が加わった頃のチーム側の動きを見ていこう。

08年のシーズン最終戦から10日間の休養を挟んだ10月18日、秋季練習が始まった。場所は、当時2軍の本拠地が置かれていた「雁の巣球場」である。

球団会長となった王に代わって新監督に就任したのは秋山幸二。12年ぶりの最下位に沈んだチームの再建を託された秋山は、秋季練習の初日、監督室に一人の選手を呼び出した。ドアを開け、姿を現したのは小久保裕紀だ。

1994年、青山学院大学からドラフト2位（逆指名）でホークスに入団した小久保は、2年目に本塁打王、4年目に打点王のタイトルを獲得するなど早くから打線の中核を担った。だがダイエー時代のフロントとの間に亀裂が生じ、2004年に無償トレードという形でジャイアンツに移籍。3年間プレーしたあと07年にホークスに復帰した。

小久保と秋山は9年間にわたりホークスでチームメイトとしてともに戦った仲。目の前に立つ小久保に対し、9つ年上の秋山は既に決定事項であるかのような口調で告げた。

「俺が監督の間はずっとキャプテンな。頼んだぞ」

小久保はホークス復帰以来、あえて一歩引いたところに身を置き、チーム全体を後方から見つめることに努めていた。その理由を小久保はこう語る。

「僕がジャイアンツに移籍したあとも、ホークスは強かった。プレーオフで負けてしまってはいましたけど実力的にはダントツだったし、『もう大人のチームだな』という感じで見ていました。だから、自分が前に立つんじゃなくて後ろから押していこう、と。そう決めて戻ったんです」

だが、どこかしっくりこなかった。

07年といえば、胃がんの手術のため前年のシーズン途中から休養に入っていた王が再び指揮を執り始めたタイミングだ。小久保は「必ずもう一度、監督を胴上げする」という強い思いを胸に秘めていたが、周囲との温度差を感じずにはいられなかった。チームとしてのまとまりも、勝利に対するがむしゃらさも、欠けているように感じられた。

そんな物足りなさが募るなかで新監督の秋山からキャプテンに任命され、小久保の心から迷いが消える。

「もう一度、前に出て引っ張る。とことんやってやろう」

当時37歳で、チーム最年長。誰にも遠慮する必要はなかった。

キャプテン小久保がやったことを一言で表せば、規律の徹底だ。

チーム状態が良くないとき、ロッカールームの空気はよどむ。首脳陣への批判も含め、ネガティブな発言が飛び交いやすい。そこからは決してプラスのエネルギーは生まれない。

だから小久保はそれを封じた。

さらに、当たり前のことを当たり前にできる集団をつくろうと、グラウンド上の選手の動きに目を光らせた。凡打でも一塁へは全力疾走、ベースカバーの徹底、声の連係……。それらができていないと見れば容赦なく指摘した。主力選手に対しては、より厳しい視線を注いだ。

この頃、小久保が特に気にかけていたのが多村仁志だ。

多村は06年オフ、トレードでベイスターズから移籍してきた。ホークスで中軸を任されるほどの打力の持ち主だったが、けがが絶えない選手でもあった。小久保が振り返る。

「良い選手なんです。僕は、彼が全試合に出られれば優勝に近づけるんじゃないかとまで思っていました。でも痛がりで、すぐに休む。彼には毎日のように声をかけてましたね」

小久保は、多少の痛みは我慢してでも試合に出続け、自らの地位を確立してきた。だからこそ多村にも、できる限りは出場をあきらめてほしくなかったのだ。

期待の高さゆえ、雷を落としたこともあった。

「いつだったか、仙台で試合があったときです。仁志が完璧な当たりを打ったんですけど、打球が野手の正面に行って4－6－3のゲッツーだった。そのとき一塁ベースの手前で引き返してベンチに帰ってきたんです。ホークスの野球ではそれはあり得ない。試合翌日のミーティングで、かなり強く注意しましたね」

強いホークスを再生させようと必死だったキャプテンにとって、現場への関与を徐々に強めるフロントの動きは歓迎すべきものだった。小久保は言う。

「『情報革命の山を登る』と決められたオーナーがいるわけですから、その恩恵を受けられることにはすごく感謝してましたよ。ほかの球団であればデータ班のところまで行かないと映像が見られなかった時代に、僕たちはいち早くｉＰｈｏｎｅやｉＰａｄでいつでも映像を確認できるようになった。良い時代になったな、これを使わない手はないな、と思っていました」

新たな指揮官と主将に統率されたホークスは確かな強さを取り戻していく。秋山政権の2年目に当たる10年、パ・リーグを制覇。ソフトバンク体制下で初めての栄冠をつかむと、翌11年はさらに圧倒的な戦績を残す。2位の北海道日本ハムファイターズを17・5ゲーム差まで突き放してのリーグ連覇は、交流戦も含め対戦した11球団すべてに勝ち越す〝完全優勝〟のおまけつき。中日ドラゴンズとの日本シリーズも制し、宿願だった日本一を達成した。

小久保はこの年の開幕戦で死球を受けて右手親指を剥離骨折する不運に見舞われた。その負傷からわずか10日間で1軍に復帰すると、5月には節目の通算400号本塁打を達成。だが8月に再び死球で肋骨を折ったほか、首の痛みにも悩まされた。さすがの〝我慢の男〟もシーズン終盤は欠場を余儀なくされた。

それでもポストシーズンの試合ではスタメンに名を連ね、日本シリーズの勝負どころで打点をあげるなどの活躍を見せた小久保はMVPに選出される。それまで秋山が持っていた最年長記録を更新する受賞となった。

リーグ優勝、クライマックスシリーズ（CS）突破、そして日本一と、そのたびにビールかけが行われた。会場には必ず孫正義の姿があった。

選手たちにとって、球団オーナーとの接点は決して多くない。それはキャプテンの小久保とて同じこと。接し方に迷いはしたが、子どものようにはしゃぐ孫の様子を見ているうちに、おのずと親近感が湧いた。

「ソフトバンク本社の人たちからすれば、想像もできないような姿だったでしょうね。ビジネス界で孫さんのことを知らない人なんていないでしょ？　そんな人が『やったー！　やった―！』って、僕らの優勝を喜んでくれていた」

室内に充満するアルコールのにおいが遠慮の概念を溶かした。小久保は、孫の頭のてっぺんから大量のビールを注ぎかけた。

フロント主導の〝同志的〟改革

今一度、この時代のホークスを俯瞰《ふかん》してみよう。

14年の長きにわたって続いた王政権が、最下位の屈辱とともに終わりを迎えた。後任監督の秋山は小久保を新キャプテンに指名し、その小久保は規律を徹底することでチームの再生に乗り出した。一方、それまで閉じていたフロントに親会社から三笠が送り込まれ、変革の歯車が徐々に回り始めた。これらはすべて08年10月の出来事である。

ホークスは秋山が監督を務めた6年間（09～14年）で3度のリーグ優勝、その後任を務めた工藤公康の在任期間中（15～21年）にも3度のリーグ優勝を果たす。そうした事実と照らし合わせると、やはり08年の〝谷〟は重要な転換点だったと見るべきだ。

端的に記せば、このときからいわゆるフロント主導の改革がスタートした。iPhon

e配布（09年）、編成育成部の発足（10年）、3軍制の導入（11年）などの一連の取り組みはその端緒と位置づけられる。

強烈なリーダーシップを有する「個」に依存してきた時代が終わり「組織」の力で戦う時代に突入した、ともいえるだろう。その後のホークスには高度なビジネススキルと専門性を持った人材が集い、効率的で再現性の高い〝仕組み〟が着々と構築されていく。

球界では、「現場」という言葉がしばしば使われる。競技面に直接的に関与する領域を指し、中心的な役割を果たすのはほとんどが選手と元選手（監督・コーチなど）だ。「ユニフォーム組」とも呼ばれ、プロ野球選手としての経験や実績がものをいう世界である。

一方、「背広組」とも呼ばれるフロントは、ビジネス的なロジック、企業的なアプローチでチームの強化や管理運営に当たる。

両者はその性質の違いから、頭でっかちなフロントが考えた施策が現場からの猛反発に遭う、などといった対立構図に陥りがちだ。

深刻な対立が原因で事が行き詰まるとなれば本末転倒。ホークスのフロントは、どのように現場と向き合いながら改革を実行してきたのだろうか。

GMの三笠は次のように語る。

「『マネー・ボール』というノンフィクション（アメリカで03年発行）の基になったのは02年頃の話ですよね。オークランド・アスレチックスのビリー・ビーンGMが『セイバーメトリクス』を駆使して強豪チームをつくった。映画になったのが11年です。それもあって00年代から10年代にかけて、野球のことをまるで知らないアナリストの若者がフロントオフィスを制圧する、みたいな構図がメジャーで流行《はや》り始めました。でも、孫さんはそういう考えを持っていなかった。ホークスにやってきた僕に対して、『ドミネイト（支配）するな』と言うんです。それは孫さんの投資戦略と通じる部分がある」

孫はさまざまな企業に積極的に投資を行うが、三笠によれば、投資先を自分の色で染め上げるようなことは好まないという。

「全部ソフトバンクのやり方に変えさせるために完全子会社化するようなことはしない。その代わりジョイントベンチャーをつくるのが好きですよね。（投資先の）経営者はそのまま残したうえで、必要に応じてソフトバンクからリソースを提供する。孫さんはよく〝同志的結合〟と言っていますが、ホークスに関しても同じなんだと思います」

野球のことは、その世界で生きてきた人がいちばんよく知っている。世界一への志は共有しつつも、ビジネス界の住人が訳知り顔で現場に立ち入りすぎることを孫は良しとしなかった。

ただ、必要なリソースに限っては惜しみなく提供する。その姿勢が顕著になるのは、三笠がホークスに入った頃からだ。フロントは「我々にもできることに対しては可能な限り手を尽くすべきだ」との方針に傾いていった。

ここで重要なのは、フロントが担うのはあくまでも「サポート」である点だ。例えば、フロントが優れたＩＴシステムを整備したとして、それを使うことを現場に一方的に強いるのはサポートとは呼べない。そのシステムを使えば選手の育成などをより効率的に行えることを説明し、理解してもらったうえで有効に活用してもらう。ホークスのフロントは現場に〝お役立ちツール〟を提供する役目に徹しているのだ。

三笠はこんな話もしていた。

「もし僕が野球をやっていたら、『あの選手をもっと使え』みたいなことを監督に言ったりしていたかもしれませんね。でも、もともと僕の専門はラグビーですから、良くも悪くも野球を仕事として捉えてきました。現場には、我々フロントとは違う価値観を持っておられる人ももちろんいますが、そういう人を即排除しようとは考えない。ケンカをしないことも大事なんです」

現場に介入しすぎないよう適度な距離感を保つ。現場に敬意を払ってサポート役に徹する――。ホークスの組織改革は、こうしたフロントのバランス感覚で成り立っている。

もう一つの〝谷〟を越えて

08年秋を原点とする組織改革は、10年代には5度のリーグ優勝と6度の日本シリーズ優勝という大きな成果を残した。だが、その先に、もう一つの〝谷〟と呼ぶべき時期が待っていた。

20年、ホークスはリーグ優勝と日本一を成し遂げたが、その裏でフロントによる改革が停滞し始めていた。要因は、コロナ禍への対応だ。

三笠が振り返る。

「20年はプロ野球が終わっちゃうんじゃないかと思ってましたが、どうにか6月から開幕することになりました。あの頃の僕らの仕事といえば、とにかく感染者を出さずに試合を成立させることが最優先。先を見据えて新たな手を打っていくことはできなかった。本当はああいう状況の中でもやるべきだったんでしょうけど、なかなかね」

同じ時期、ホークスの改革を鈍らせる別の要因が生じていた。

10年代のホークスは安定した強さを誇り、20年には日本シリーズ4連覇を達成した。そんな輝かしい戦績がフロントの目をくらませた。三笠は言う。

「日本一になっていると、良いことも悪いことも『まあ日本一になったからいいや』という雰囲気になりやすくなる。10年代のホークスは新しいことにチャレンジして、それがうまく結果に結びついていたので、正しいことをやっているんだという気になっていました。そうしているうちに、次第に他球団が追いついてきたという面もあります」

コロナ禍への対応と、成功体験の負の側面。これら2つの要因によって改革の歩みが減速した影響は、少し遅れて表れた。

21年、ホークスは60勝62敗21分と負け越し、8年ぶりのBクラス（4位）に転落。このシーズンを最後に、7年間にわたり指揮を執った工藤が退任した。藤本博史が後任を務めたが、22年、23年もリーグ優勝には手が届かなかった。その間、オリックス・バファローズがリーグ3連覇を達成した。

ペナントが遠かった時期を振り返り、三笠は自らを戒めるように語る。

「結果にこだわらず、どんどん良いことを取り入れていくようにしないと、連続的に結果が出ることはないんだろうなと思います。今年結果が出たからそれを続けていくという感じになりがちですが、そこでもう一段深く、強い組織とは何かを考えて手を打っていく必要がある。選手は毎日の試合のことを考え、コーチやスタッフはもうちょっと先のことまで考えるわけですが、フロントはさらにその先を見据えて動かないといけないですよね。それが組織としての役割分担ですから。フロントとしては、日々の試合での勝った負けたにかかわらず、長い目で見て仕事をしていく習慣をつけないといけない」

予期せぬ苦難に直面した20年代初頭。改革への意欲があらためて高まったホークスで、未来を見据えた動きが活発になっていく。

本書では、ホークスが推し進めてきた組織改革を5つの領域に分類して記述している。第1章は「巨大なファーム組織の構築」と「システマティックな指導育成体制の構築」

が主題だ。前段としての3軍創設に至る流れを押さえつつ、球界唯一の4軍制の実態と、球団が注力するコーディネーター制の狙いや意義などを解説する。

第2章のテーマは「IT・データ活用の最前線」。前述したiPhone配布を皮切りに球団業務のIT化が進んだホークスは近年、データとプレーをつなぐR&D（リサーチ&ディベロップメント）部門を中心に画期的な試みを進めている。改革の旗手となったキーパーソンの証言を軸に、最新の動向をレポートする。

第3章ではスカウト部門の取り組みにスポットを当てる。「組織風土改革」と「人材（選手）のポテンシャルを評価・比較する手法の探究」が大きなテーマだ。メジャー球団をモデルとした評価方式やスカウティングにおけるデータ活用の可能性について言及するほか、支配下選手の〝育成落ち〟など編成上の課題に対するホークスの見解も紹介する。

第4章では「育成マニュアル」を取り上げる。4軍制やコーディネーター制の導入に伴って複雑になった育成組織を有機的に機能させるためにホークスが策定したものだ。アカデミー編とプロ編という2つのマニュアルが完成するまでの議論の過程をたどるとともに、選手のセカンドキャリア支援に関する新たな取り組みについても紹介する。

そして第5章では「〝王イズム〟の継承」を主題とし、王がホークスに植え付けた価値観とはいかなるものか、それを継承する意義とは何なのかを解明していく。また、チーフベースボールオフィサー（ＣＢＯ）職を新設した狙いなど、未来志向のトップマネジメントのあり方についても触れる。

以上５つのテーマをカバーしたうえで、世界一に向けた戦略や、ホークスをさらに強くする方策についての関係者たちの声を、第６章でまとめている。

知恵を出し、金も出し、役立つ材料を提供し続ける――。現場のために〝お膳立て〟をするのがフロントの役目だ。その営みを繰り返すなかで、〝勝ち続けるチーム〟をつくるための最適な方法論を徐々に確立してきた。

08年秋から現在に至る16年間あまり、ホークスのフロントが営々と磨きあげてきたその方法論を、本書では〝ホークスメソッド〟と呼ぶことにしよう。

参考文献

（1）日本経済新聞電子版、「大リーグと世界一決定戦　孫正義氏、未完の夢」、2019年11月10日、https://www.nikkei.com/article/DGXMZO52104790T11C19A1000000/

第1章

4軍とコーディネーター制

“育成のホークス”へ

２０２４年10月某日——。

長い猛暑が終わり、吹き抜ける風にようやく涼を感じ取れるようになってきたというのに、黒土のグラウンドを駆ける若者たちのあご先からは汗のしずくがしきりに垂れ落ちていた。「ゴー！」の合図で本塁からスタートを切り、一塁を蹴ってそのまま二塁へ。角を曲がるときの膨らみ具合、ベースへの滑り込み方を、複数の指導者がじっと見つめる。選手は尻についた泥をはたき落としながら、告げられたタイムを聞いて一喜一憂の表情を浮かべた。仲間と競い合いをしていたのだろう、中には派手なガッツポーズを繰り出す者もいて、全体の雰囲気はどちらかといえば楽しげだ。

プロ野球選手らしい立派な体格の持ち主も目立つが、ほとんどの背中には3桁の番号がついている。

ここは、福岡県筑後市にある「ＨＡＷＫＳベースボールパーク筑後」。ホークスが誇る大規模なファーム施設だ。完成したのは16年。約７万平方メートルの敷地内には、１軍が使用するみずほＰａｙＰａｙドーム福岡と同じサイズの球場が２面、さらに選手寮やクラブハウスと一体となった屋内練習場が設置されている。

メイン球場「タマホーム スタジアム筑後」の脇にあるサブ球場「ホークススタジアム筑後第二」で走塁の基礎練習に励んでいたのは「4軍」の選手たちだ。

日本球界ではそもそも3軍がある時点で珍しい。ホークスが球界初の3軍を創設したのが11年。あとを追うようにしてジャイアンツ（16年）やライオンズ（23年）も3軍制を導入し始めたが、いまだに大半の球団が2軍までしか持っていない（カープにも3軍があるが、リハビリ組という位置づけで運用されている）。

そうした中でホークスは23年、4軍の創設に踏み切った。球界唯一である4軍の存在は、他球団の一歩どころか二歩先を行こうとするホークスの貪欲な姿勢を如実に示している。

本章は、4軍制と、その創設と同時に始まったコーディネーター制を主題とするが、まずは前段として3軍がつくられた経緯からたどっていこう。


「お金を積んで良い選手を獲《と》るということができなくなって、ビッグバジェットのチームとして何をすればいいか分からなくなったところはあったんだと思います」

そう語るのはGMの三笠杉彦だ。3軍創設に至った背景には、ドラフトのルール変更があるという。

ドラフトの希望入団枠制度（逆指名制度・自由獲得枠制度）は1993年に導入された。同制度は上位候補の大学生および社会人選手が、意中の球団への事実上の入団内定を事前に得られる仕組みで、対象となる選手は球団を「選ぶ側」になった。結果、「選ばれる側」となった各球団は、金銭面を主とした待遇の良さをアピールすることで選手の歓心を買おうとするようになる。しかし、裏金を渡すなどの行為が問題化したことを受け、同制度は2006年を最後に撤廃された。

「お金を使ってできる強化策といえば、年俸の高い外国人選手を獲《と》ってくることくらい。じゃあどうしようかというところから育成に投資する発想が生まれた」

「獲得」のみならず「育成」にも力を入れる。新たな方向性が見え始めたが、すぐに形となって現れたわけではない。環境が整っていなかったのだ。

選手の成長を促すには実戦経験を積ませることが欠かせない。だが、2軍の試合数は限られている。育成に注力しようにも、そこがネックとなっていた。

当時のファームの状況をよく知る人物がいる。現在は投手コーチ（チーフ）兼ヘッドコーディネーター（投手）の肩書を持つホークスOB、倉野信次だ。

倉野は三重県立宇治山田高校から青山学院大学を経て、1997年、ホークスに入団した。先発と中継ぎ、どちらの役割もこなし、浮き沈みはありながらも11年間の現役生活で164試合に登板。19勝9敗2ホールド1セーブの成績を残した。

2007年限りで引退した倉野は投手コーチとしてキャリアを積み重ねていくことになるが、その直前、08年の1年間だけフロントスタッフを経験している。ユニフォームを脱ぎ、客観的な目線で球団全体を見つめ直し、ある思いを強く抱くようになった。

「このチームには絶対3軍があったほうがいい、と思いました。2軍の試合では、どうしても1軍のバックアップの選手が優先的に起用される。そうなると、まだ1軍の実力がない選手に実戦を通してスキルアップする機会を与えることができない。投手がけがもしていないのに長期間投げられないとか、そういうことが多々ありました。これは異常だな、と。3軍をつくるべきだという趣旨のレポートを書いた記憶がありますね。まあ僕は平社員だったので、何を言っても大した影響力はなかったんですけど」

レポートがどれだけの効力を発揮したかは不明だが、「育成に注力するためには3軍創設が不可欠」との認識はやがて球団幹部の間でも共有されることとなる。

ホークスがリーグ優勝を逃し続けていたことも、その動きを後押しした。勝率1位ながらプレーオフで敗れ、当時の規定により優勝を逃した2年間（04、05年）に続いて、06～09年の4年連続で屈辱を味わった。長く主軸打者を務めてきた小久保裕紀や松中信彦らを押しのける生え抜き選手が出てきていない現実もあった。若い力を育てなければとの危機感に突き動かされるようにして、11年、ホークスは日本球界初の3軍制を導入した。

3軍は主に独立リーグのチームと非公式戦を組むことで、実戦の場を多くつくれるようになった。それと同時に、育成選手制度を最大限活用する方針に舵《かじ》を切り、育成ドラフトで多くの選手を指名し始めた。

11年、発足したばかりの3軍で初代の投手コーチとなったのが、倉野だった。

「投手コーチは僕だけ。1人で任されたのが大きかったですね。自分の考えで指導できたので学びも多かった」

奇《く》しくも同じ年、3桁の背番号をつけた育成選手として千賀滉大、甲斐拓也、牧原大成らが入団し、3軍へと送り込まれた。のちに彼らが1軍の主力として活躍し始めると、球団は〝育成のホークス〟と呼ばれるようになっていく。

とりわけ、無名の高卒投手からメジャーリーガーに大化けした千賀の成長はすさまじく、その台頭とともに倉野の育成手腕への評価も高まった。眠れる才能を開花させ剛球投手を次々と育て上げた指導術、いわゆる〝魔改造〟は、いつしか倉野の代名詞となった。

だが、往時に思いを馳《は》せる倉野の表情はどこか浮かない。

「3軍の投手コーチを4年やりましたが、『これは良くないな』と思うことがだんだん増えてきたんです。選手が3軍から2軍に行ったときに、指導方法が変わってしまう。1軍に行くと、また変わる。極端な話、フォームが変わることもありました。これはどうなんだろうって……僕はそれがどうしても腑《ふ》に落ちなかった」

指導の一貫性をどう担保するのか――。

たとえ1軍と2軍しかない球団であっても避けられない課題だが、ホークスでは3軍まで出来たからこそ、その〝縦糸〟はなおさら絡まりやすくなっていた。

工藤公康が命じた「重要な任務」

倉野は14年まで3軍投手コーチを務めたあと、翌15年は2軍投手コーチ（チーフ）となった。この年、1軍は2年連続のリーグ優勝と日本一を達成。チームを率いたのは、前任の秋山幸二からタクトを譲り受けた、監督就任1年目の工藤公康だった。

シーズン終盤のある日、倉野は工藤から呼び出しを受けた。

「来年から重要な任務を担ってもらおうと思う。軍にかかわらず投手陣全体をまとめる仕事を頼みたいんだ」

工藤が選手としてホークスに在籍したのは1995〜99年の5年間。97年入団の倉野と重複している期間は長くはないが、工藤が他球団に移籍してからも合同で自主トレを行うなど、2人の関係性はかなり深い。球界きっての理論派としても知られる工藤の教えは、選手として、そして指導者としての倉野に強い影響を与えてきた。なればこそ、倉野はひと回り近く年上の工藤のことを「僕にとっての〝野球界の師匠〟の一人」と断言する。

その工藤からの、直々のミッション拝命である。

「工藤さんは『投手王国をつくりたい』と就任当初から言われていました。それには指導を一本化する必要があると考えられたのでしょう。それで僕に『いちばん上に立ってやってくれ』と。斬新だなと思うと同時に、すごいなと思いました。僕が何年も前から必要だと感じていたことを工藤さんはたった1年で見抜いていたので」

な、お前も必要だと思ってただろ――そんなふうに心の中を言い当てられたような不思議な気分だった。

任された仕事をまっとうしようと意気込んで2016年のシーズンを迎えたが、早々につまずいた。倉野は苦笑交じりに振り返る。

「肩書が弱すぎたんですよ。『1軍投手総合巡回コーチ』という変な名前で。これではやりたいことはできないなって思いましたね」

プロ野球界における「巡回コーチ」という役職は、特定の軍に縛られることなく指導を行える立場にあることを意味する。行動の自由度は高い一方で、特定の軍に紐《ひも》づいていないぶん、スポット的に助言を与えるアドバイザー的なイメージがつきまとう。球団によっても時代によっても定義は変わるが、少なくとも当時のホークスでは、巡回コーチに強い権限があるという認識を持つ者はほぼいなかった。

しかも、1軍から3軍まで合わせて7人いた投手コーチのうち、倉野は最年少。年齢がものをいう野球界で、いちばん若い巡回コーチが投手陣全体を取りまとめるなど、どだい無理な話だった。

ミッションの中身と肩書のミスマッチが起きたのは、どうやら工藤と倉野の間に認識のズレがあったことが原因のようだ。

現在は球団を離れ、プロ野球解説やスポーツ医学の研究などに取り組む工藤が言う。

「1軍にいる選手だけで1年間戦うことは絶対にできません。でもファームの選手に関しては（1軍監督は）映像だけしか見られないので、巡回コーチに実際の目で見てもらいたかったんです。球威、コントロール、球種、立ち振る舞いも含め、1軍に上げても問題ないような選手なのかどうか」

この頃、工藤は1軍と2軍の先発ローテーションを並行して組み立てていた。単純化していえば、似たタイプの2人の投手を1軍と2軍の試合で同じ曜日に投げさせるのだ。そうしておくと、仮に1軍の投手が不調に陥ったり故障したりしたときに、2軍の投手とスムーズに入れ替えられる。この仕組みの精度を高めるにはファームの選手に関する〝生きた情報〟が必要であり、だから工藤は巡回コーチを欲したのだ。

「僕が監督になる前から、倉野からはよく相談を受けていたんです。オフになると『ちょっと見てもらえませんか』と。それこそ千賀くんなんかの映像を一緒に見ながらいろいろ話しました。そういうこともあって、野球の理論や考え方の部分で彼がいちばん僕のことを理解してくれているという信頼がありました」

それが、代わりの「眼」を倉野に託した理由だ。

軍をまたいだ指導方針の統一については、「また別の枠組み」と工藤は説明する。

「監督に就任したときには僕なりの〝投手マニュアル〟はできていたので、当時のコーチ陣にはそれを理解してもらい、共通認識を持って指導してもらいました。ピッチャーのほうである程度の形ができてから、野手も同じようにしようという話になった。1～3軍の打撃コーチを集めて『球団としての指導法を一つにまとめ、皆さんそれに基づいて指導してください』とお願いしました。あるコーチは『それはできない』と言って帰ってしまったんですが……翌日には考え直してくれたのか、僕の方針に同意してくれました」

つまり、工藤が倉野巡回コーチに託したのは、何よりもまず選手を「観《み》る」ことであり、投手の指導法については、いわば〝工藤メソッド〟をコーチ陣全体に浸透させることで一貫性を担保していたことになる。

自らが一定の権限を持ち、指導・育成の一本化を図ろうとしていた倉野の意気込みは、変革に前のめりであったがゆえに空回りしたのかもしれない。

倉野が思い描いていた役割を担えるようになるのは、翌17年以降だ。要望が聞き入れられ、「投手統括コーチ」という肩書が新たに与えられた。「統括」の2文字が明記された効果は大きく、「倉野を中心として投手の指導を一本化する」との共通認識が投手コーチの間に次第に浸透した。

軍が変わっても指導の方針は変えず、選手の心から迷いや戸惑いを取り除き、個々の力を最大限に引き伸ばす。また、軍間の情報共有や連携を強化し、選手の昇降格を的確かつ円滑に行う。そうした管理体制を整備することで、投手陣の強化は着実に進んだ。

ホークスは17〜20年に日本シリーズ4連覇を達成したが、その間、18年を除く3シーズンでリーグトップのチーム防御率を記録したほか、千賀滉大、東浜巨《なお》、岩嵜翔、サファテ、森唯斗、高橋礼、石川柊太、モイネロと、個人タイトル獲得者も次々と生まれた。

福岡の地に、工藤が目論《もくろ》んだ通りの〝投手王国〟が築かれたのだ。

倉野は言う。

「工藤さんが監督を務められていたとき、他球団からうらやましがられるような投手陣になって、僕は一時代を築けたと思っています。組織が大きくなればなるほど、選手もコーチもスタッフも増えるので、チーム全体を統一する人が必要になる。その役割を果たしたのが、当時は投手統括コーチ。それが間違いなく、今のコーディネーター制の原点になってるんです」

4軍創設とコーディネーター制

19年以降、1軍投手コーチ、ファーム投手統括コーチを歴任した倉野は21年オフ、大きな決断を下す。現役時代も含めれば25年もの長きにわたって所属してきたホークスを退団し、アメリカに渡ることにした。

「日本で一番のコーチになる。それには野球の本場、アメリカで学ぶしかない」

行き先の当てはまったくない中での門出だったが、テキサス・レンジャーズ傘下のマイナー球団に受け入れてもらえることになった。ただし、無給かつ全額自費の〝研修〟扱い。通訳も伴わない単身の武者修行である。

ここで一つの疑問が湧く。球団からの派遣という選択肢はなかったのか、という点だ。その形であれば収入を失うようなリスクを負う必要はないし、実際、球団に籍を置きながらコーチ留学を行う事例は過去にも散見される。

その疑問に倉野が答える。

「アメリカに行くプラン自体は前々からあって、球団から派遣の提案を受けたこともありました。でも、僕はそうしたくなかった。自分の可能性が狭まってしまうんじゃないかと思ったからです。もし僕がコーチとしての実力をつけることができたら、アメリカでどんどん上に行けるかもしれないし、ほかの（ホークス以外の）球団からすごく高い評価でオファーをもらえるかもしれない。でも、ホークスからの派遣であれば、何年かしたらホークスに戻ってくることになる。あくまで自分の可能性を広げようと思ってアメリカに行くわけですから、ゴールが決まっているというのは嫌でしたね」

野心的な選択は吉と出た。給料も後ろ盾もない環境は、48歳のハングリー精神を駆り立てた。

「一日一日を無駄にしたくない。見て聞いて感じたことは絶対忘れないようにしようとノートに書き留めました。要はアンテナの広がり方が変わるんです。退路を断って行って良かったな、とあらためて思いました」

英語を話せず苦労しながらも、アメリカにおける指導の現場から学び、ときには日本球界で培ってきたノウハウを提供した。積極的な姿勢と指導のスキルが認められ、倉野は翌年、同じチームで有給の投手育成コーチとして正式に雇われることとなった。日米両方のプロ球団で投手コーチ契約を結んだ日本人は、倉野が初めてである。

倉野のアメリカ生活が2年目に入った23年――。

ホークスは日本球界で初めてとなる4軍を創設した。三笠が言う。

「なぜ4軍をつくったかといえば、3軍制は成功だったという総括になったからです。ただ、うちがうまくいったからこそ、他球団も追随してきた。どの球団も（3軍を創設するところまではいかずとも）育成選手を多く獲るようになりましたよね。その中でさらにリードを広げていくにはどうしたらいいか、というところから4軍制の議論がスタートしました」

3軍創設後のホークスには、先に触れた千賀、甲斐、牧原に続いて、石川柊太（14年入団）、周東佑京（18年入団）、大関友久（20年入団）など、育成選手として入団しながら支配下契約を勝ち取り、1軍で活躍する選手がコンスタントに現れた。また、緒方理貢《りく》（21年入団）や前田純（23年入団）など、今まさに開花しつつある有望な育成出身選手も多い。

こうした状況に好感触を得たからこそ、4軍創設という拡大戦略に打って出た。

それと同時に導入したのが、コーディネーター制だ。

コーディネーターとは何か。簡単にいえばフロントに属する「育成責任者」で、フロントと現場、双方の関係部門と連携しながらそれぞれの選手の指導・育成方針を取りまとめる統括役のような存在だ。各軍に属するコーチと違ってコーディネーターは特定の軍に紐《ひも》づいておらず、軍と軍の間を行き来しながら選手への指導・育成が適正に行われているかを管理する。また、データサイエンス部門や、トレーナーなどから成るハイパフォーマンス部門との連携を強化し、多角的な視点からの選手育成を推進する役割も担う。

メジャーリーグでは一般的になりつつある役職で、チーム強化の根幹を担う立場として重視されており、現場に対してはかなり強い権限を有する。ホークスはメジャー球団への視察などを通して知見を集めたうえで導入に踏み切った。

近年の日本球界では、22年にマリーンズのフロントがいち早くコーディネーター部門を創設した。それに続く形で、ホークスを含む一部球団がコーディネーター職を設置している。いずれの球団にとっても新たな試みであり、その位置づけや運用の仕方については模索が続いている。

ホークスでは、4軍制という多層構造の育成組織になったがゆえに、統括役としてのコーディネーター職を置く必要性が高まった。4軍にいた選手が3軍や2軍に昇格し、担当するコーチが変わったとしても、コーディネーターの管理下にあることは変わらないため、指導・育成方針の一貫性は保たれる。

投手部門と野手部門にそれぞれ1名の計2名が、初代のコーディネーターに任命された。しかし、コーディネーター制の運用が始まるとともに、育成の現場には混乱が生じた。制度を細部まで詰め切れていなかったからだ。コーディネーターが果たすべき職務や、与えられる権限の範囲、組織内における指揮命令系統などには曖昧な部分が残っていた。メジャー球団の事例を参考にしたとはいえ、組織の形態やカルチャーなど日米の球団では異なる点も多く、はじめから完璧なものをつくるのは難しかった。しかも、コーディネーター制を敷くということは、指導・育成の主導権が現場の軍監督やコーチから、フロント側の役職であるコーディネーターに移ることを意味する。

ある程度の摩擦が起こることは避けられない――。フロントはそんな覚悟を持って導入に踏み切り、運用しながら実態に即して改善していく形を選んだ。現場との協調を基本とするホークスとしては珍しく、初年度は混乱や反発も想定したトライアル期間と位置づけたのだ。

だからこそ次の動きも早かった。23年のシーズンが開幕してからほどなく、球団は現場の声を集約し、育成関係者の職務内容や権限などをあらためて整理する作業に取りかかる。24年のシーズンが始まる前には、細かな点まで明文化した〝育成マニュアル〟が完成した（このマニュアルについては第4章で詳述する）。

〝負けないエース〟の帰還

4軍制とコーディネーター制が同時にスタートした23年、ホークスに久々に帰ってきた男がいる。斉藤和巳だ。かつてはダイエーとソフトバンク、両方の時代をまたいで絶対的エースとして君臨した。

斉藤は1996年に南京都高校（現・京都廣学館高校）からドラフト1位でホークスに入団するも、その現役時代は右肩の故障との戦いとなった。エースとして強烈な輝きを放ったのは2003年から06年にかけてのこと。しかし07年を最後に1軍のマウンドから遠ざかると、復活を期して肩の手術を重ねたものの、同じ場所に再び戻ってくることはできなかった。通算79勝23敗。最高勝率のタイトルを3度獲得するなど〝負けないエース〟と称《たた》えられた右腕は、13年の夏、ついに復帰を断念してホークスを退団した。

以降は東京を拠点とし、解説者業をこなしつつ自由な日々を送った。そんな生活も9年目に入った22年、ホークスから現場復帰の打診を受けた。

「いずれは福岡に戻りたいという思いはずっとあったんですよ。そこに、そういう話をいただいたので『あ、やっと福岡に帰れるな』って」

古巣からのオファーにうなずいた時点で、具体的なポストまでは明かされていなかった。指導者経験がほぼなかった斉藤は「まずは2軍あたりで」と勝手に想像していたのだが、球団から提示されたのは1軍投手コーチのポストだった。斉藤は苦笑する。

「(復帰の)オッケーを出してから言われました。そこ(1軍)はないと踏んでいたんですけどね。もうどうしようもなかった」

ユニフォームに袖を通すのはおよそ10年ぶり。解説者の立場からホークスをウォッチしてきたとはいえ、中に入って変化を感じるのは当然のことだった。

「こんなに変わるんだな、と。例えば、選手に対するアプローチの仕方や起用のところ。

僕らのときより選手が守られている感じがすごくありました。良い悪いは別にして」

球界における常識は年々アップデートされている。中でも選手の身体的な負担に配慮する意識は、ひと昔前とは比べようがないほど高い。

「先発ローテーションに名を連ねるピッチャーは規定投球回に到達して当たり前。僕は規定投球回を意識したこともなかった」。そんな世界を生きてきたから、分業制の名のもとに先発が早々と降板する姿に物足りなさを感じることは確かにある。

ただ、令和の時代に指導者として歩み始めた斉藤が、自身の常識に固執したわけではない。むしろ懸命に適応を試み、先発をむやみに引っ張ることはしなかった。

先発の見切りを早くすることはすなわち、リリーフ陣への依存度が増すことを意味する。ブルペンをいかに適切に運用するかは、長いシーズンの行方を左右する重要なファクターであり、首脳陣の腕の見せどころだ。

しかし、就任1年目の新米コーチにとって、それはなかなか難度の高い仕事だった。

23年のホークスを率いていたのは、監督2年目の藤本博史である。前年は「マジック1」を灯しながら、残り2試合を続けて落とし、バファローズとの優勝争いに鼻差で競り負けていた。雪辱を期して臨んだ23年のシーズンだったが、7月のオールスターを挟んで12連敗するなど後半に失速。3位で進出したCSファーストステージではマリーンズと戦い、突破を目前にしたところから大逆転負けを喫した。

斉藤が神妙な面持ちで振り返る。

「シーズンを通してリリーフの運用に偏りがあったのが、最後ああいう（リリーフ陣が踏ん張り切れない）形になって出てしまった。結果論なのかもしれませんけど、もう少しうまくできたのかなという思いはあります。（投手起用に関して）決定権があるのは監督。進言したときにもっと信用してもらえるようなアプローチの仕方はあったかもしれない」

斉藤は、言うべきだと思ったことをはっきりと口にするタイプの男だ。任された仕事に真剣に向き合えばこそ、上司との衝突も避けられなかったのだろう。組織の中で自分の意見を通すことの難しさを痛感した1年だった。

苦い思いを味わった一方で、収穫も多かった。CSを戦った千葉から福岡の自宅に戻った斉藤はすぐ、机の上にノートを広げた。

「1年目やっていくなかで見えたものもあった。それを自分が指導者として成長するための材料にしないと、悔しい思いをした選手たちが浮かばれない。来年はこうしよう、そのために秋季キャンプではどうしようかと、ノートに書きだしました」

次年度に目を向けつつ迎えた、契約更改の席。球団から新たなポストが示された。

4軍監督――。それは、まるで想像もしていない肩書だった。

“最下層”の実態

23年に創設された4軍が、初年度の活動をちょうど終えるところだった。

1軍の舞台で目の前の勝負に集中する毎日を送ってきた斉藤にとってみれば、階層構造の最も下に位置する4軍は、同じ球団の中とはいえ未知の世界だった。

「いったん持ち帰らせてください」

球団の提示に対し、そう返すことしかできなかった。受けるべきか、拒むべきか。判断するための材料がなかったからだ。

回答を保留していた時期、ある人物からこんなことを言われた。

「想像できないんやったら、やったほうがいいんじゃないか? 想像できとる中で悩んどるんやったら、やめとけって言うけどな」

発言の主は、永井智浩。編成育成本部長兼スカウト部長の要職にある永井はホークスの元投手で、2つ年下の斉藤とは現役時代から懇意にしてきた。

そのとき斉藤の頭に浮かんだのは、野球教室で子どもたちに向かって「チャレンジしないと何も得られんぞ」と語りかけている過去の自分の姿だった。その声が今、自分に投げかけられていた。

「仲良くさせてもらっている先輩からそう言われて、ハッとさせられました。しかも、その言葉がずっと頭に残ってたんですよ。……てことは、『これはゴーやな』と」

心の中に青信号が灯ったのを確認し、斉藤は4軍監督の職を受諾した。

やると決めた時点で迷いは消えた。4軍にいるのは所属年数の浅い若手選手たちで、大半が育成契約だ。斉藤はそれぞれの顔と名前を一致させながら、4軍でなすべきことについて考えをめぐらせた。

4軍の初年度の活動記録をたどり直し、気になったのは試合の多さだ。春から秋にかけて81試合組まれていた（うち9試合が中止）。

「4軍はしっかり練習する場でいい、と思いました。イメージ的には、平日は練習、土日に試合。月に8試合あるとすると6～7カ月で50試合前後になる。それくらいで十分じゃないかな、と」

その考えは球団の方針とも合致した。24年の4軍戦は57試合（うち16試合が中止）と、前年から大幅に減った。対戦相手はほぼすべて、四国・九州各県に本拠地を置く独立リーグのチームだ。ビジターで試合があるときはバス移動で、場所によっては片道8時間ほどの長旅になることもある。

ちなみに3軍戦は24年に118試合が実施され、2週間の韓国遠征もあった。実戦重視の3軍と、練習に重きを置く4軍。その性質の違いがより明確になった形だ。

「試合数でいえばイメージ通りだった」と斉藤は言うが、試合のペースは不規則だった。ファームの試合は、NPB（日本野球機構）の「公式戦」扱いとなる2軍の試合が優先的に組まれる。「非公式戦」である3軍戦と4軍戦は、球場の空き状況や選手のやりくりを考慮しながらの調整となる。中でも4軍は優先度が低く、日程の自由度もおのずと低くなる。24年には天候不順の影響で試合間隔が3週間以上空いたこともあった。

練習中心の毎日を送りながら、若い選手たちの成長を実感できたのは斉藤にとって新鮮な体験だった。特に、野手の練習を見守るのは初めてのこと。斉藤はうれしそうに言う。

「こんな短期間でグッと成長したりするんやなって、初めて肌で感じました。これは野手独特だと思いますね。急にひゅっと『お？ なんかようなったな』みたいな。そういうときはちょっとテンションが上がります。ずっと一緒にいるだけに」

その具体例として、高卒1年目だった藤田悠太郎の名前を挙げた。23年ドラフトで7位指名を受けた捕手は、支配下契約ながら4軍からの出発となった。

「(24年) 2月のバッティング練習を見たら、ひどかったですよ。打球が外野まで届かないぐらい。ただ、彼はすごい頑張り屋さんで。ずっと一生懸命バットを振って、体がしっかりしてくるにつれて、打球もどんどん飛ぶようになってきた。バッティングに関しては、だいぶ下のレベルからのスタートですけど、成長率ではかなり上のほうです。来年以降、どうなっていくんかなって思いますよ」

そう語る斉藤は、すっかり監督の顔になっていた。

4軍監督って要らんのちゃう？

だが、4軍監督としての日々にはさまざまな誤算もついて回った。

まず、人数の問題だ。春先の4軍はわずか10数人からのスタートとなった。24年開幕時のホークス所属選手数は全体で119人だったが、故障者が多かった影響で4軍の人数が想定以上に少なくなってしまった。そのうえ3分の2ほどが投手で占められており、野手が極端に少なかった。

先述したように4軍戦は41試合実施されたが、「4軍戦とうたっているだけ」(斉藤)というのが実情で、実際には3軍と4軍の選手がまぜこぜになって試合に出ていた。選手の数がそろわず「チーム編成上の都合」で中止となった試合も多かった。

また、選手の「状態」にも気を配る必要があった。

4軍にはリハビリ組から復帰してきた選手や、高卒まもない選手、将来性を買って中南米から獲得してきた高校生年代の外国人選手もいる。そうした選手たちに関してはフィジカルの状態を注意深く見極めなければならない。試合を成立させるためだからといって常時フルスロットルでプレーさせるわけにはいかないのだ。

「3軍であれば健康な選手ばかりなんですけど、4軍は何かしら制限のある選手が多い。試合に出したとしても途中で代えなきゃいけなかったり、そのあたりはコーチと結構バタバタしました。控えの野手は、少ないときで2~3人。アクシデントがあるといっぺんに計算が狂ってしまうんです。だから『なんとかもってくれよ』と祈る日々でした」

この課題は4軍創設初年度の23年からのもので、ときにはコーチやブルペン捕手が試合に駆り出されたこともあった。斉藤が監督となってからは「そういう試合はしらけてしまうので」と、あくまで選手だけでやりくりしたが、常にぎりぎりの戦力で戦うことを強いられた。


それ以上に斉藤を戸惑わせたのが、球団が前年に導入したコーディネーター制だった。「4軍監督って要らんのちゃうかな」――。そんな疑問を抱かずにいられないような状況が生まれていた。

斉藤が1軍の投手コーチを務めていた23年は、ファーム中心で活動するコーディネーターとの接点はほとんどなかった。だが4軍監督となれば、コーディネーターとの連携は欠かせない。そのうえ24年のシーズン直前にはコーディネーターを含む育成関係者の役割が明確に定義され、マニュアルに明記されたところだった。

そこに規定されたコーディネーターの仕事は、大きくいうと次の4つだ。

①選手への指導内容および選手評価の素案をつくること。それを基にフロント（主に育成部）と現場が協議し、指導内容や選手評価を決定する

②各選手に対する指導方針の一貫性を担保すること。コーディネーターは常にファーム各軍の指導者とコミュニケーションを取り、指導の実施状況を確認する

③選手をどの軍に配置するかを決定すること。２〜４軍間の移動についてはコーディネーターが決定の権限を持つ。１軍とファーム間の入れ替えについては、投手はヘッドコーディネーター、野手は野手統括コーディネーターと１軍首脳陣が協議のうえ決定する

④各コーチのマネジメント。コーチに対する評価も行う

斉藤は言う。

「実際に4軍監督になってみて思いますけど、僕が若い頃に見ていたファームの監督とは全然違いますね。これまでは軍監督が、その軍の全体を動かしていた。でも今は、コーディネーターがいる。コーディネーターから下りてきたものに対して、僕ら監督やコーチが現場で動く。だから……思うところはありますよね。僕もはじめは葛藤がありました」

軍のトップの座に就いたと思ったら、コーディネーターなる役職が登場し、監督といえどその指示に従わなければならない。しかも、監督より年下のコーディネーターもいる。球界には年功序列の価値観が根強いこともあり、監督の側に複雑な感情が生じるのは当然のことだ。24年の2軍監督（松山秀明）や3軍監督（小川史《ひろし》）は斉藤よりさらに上の世代に当たる。葛藤はなおのこと強かっただろう。

心理的な面だけでなく、具体的な業務の部分でも虚無感に近い思いが次第に募った。コーディネーターは、各選手に対して「こういう方向性で育成しよう」「そのためにこういう指導が必要だ」というプラン（案）を立てる。そして、フロント・現場との協議を経てプランが決まると、その通りに現場での指導が実施されるよう管理する。選手に対する技術的な指導に関しては、各部門のコーチが担う。基本的に軍監督の関与はない。

試合での選手起用も同様で、誰に、いつ、どれくらいの出場機会を与えるか、大部分はコーディネーターとコーチの間で方針が決められる。

「その日の試合で投げるピッチャーは（球団内で使用されている）アプリにあらかじめ入力されていて、球数やイニングのメドも含めて、僕はそれを見て従えばいい。『この選手も投げさせたらいいんじゃないですか』みたいなことを僕から言うことはありますよ。でも、あんまりそこに入っていきすぎるのは良くないなっていう思いもあります。やっぱり、コーディネーターとコーチがミーティングしてきた流れがあるわけですから」

残された監督の主な仕事は試合で采配を振るうことだが、ファームの試合で求められているのは勝利というよりも育成である。野手には打たせることが優先され、細かなサインプレーを使う機会は決して多くない。

例えるなら、食材を手渡され、レシピ通りにつくってくれと頼まれたシェフのようなものだろう。アレンジの余地はなく、淡々と、正確に手順を進めていくのみ――。

「これ、隣にいるコーチでもできるんちゃうかな。4軍監督の仕事って何なんやろ……」

そんな思いが、斉藤の頭の中を幾度となくよぎった。

疑問を抱きつつも、球団の意図は分かっていた。斉藤は言う。

「こういう方向性で進めていこうとしているんだな、というのは僕らも理解しています。コーディネーターの考えは、フロントの考えでもあるわけですよね。これからのチームをどうしていくのかを（長期的に）考えたうえで指導や育成の方針を立てている。僕らがケンカ腰になってそれを崩しにいくような必要性も権利もないと思います。ただ、僕らがいちばん現場を見ているという自信はあるので、気づいたことは伝えていくべきだと思う。

お互いが理解し合えるような話し合いをすればいいのかなって感じですね」

こう見えて意外と柔軟でしょ、と言って斉藤は笑みをこぼした。

新体制2年目の成果

アメリカに渡っていた倉野に話を戻そう。

渡米2年目の23年シーズンが終わりに近づくにつれ、倉野は次の進路について考え始めた。所属チームからは残留を要請され、日本の球団からもコーチ就任のオファーがあった。その中にはホークスからのものも含まれていた。

ホークスを退団すると決めたとき、同じ場所に戻ってくるつもりはなかった。アメリカに渡ってからは、ホークスの情報をあえて遮断しようともした。ただ、どうしても気になって結果を追いかけている自分がいた。

今日は勝ったか。誰が投げたか。苦しんでいる選手はいないか——。

「やっぱり気になるじゃないですか。僕と関わった選手がほとんどですから」

遠く離れても古巣への愛着を断ち切れぬまま2年近くが過ぎ、倉野はさまざまな選択肢の中からホークス復帰を選択した。その理由をこう語る。

「ホークスは、僕にとっては育ての親みたいなもの。その球団が22年、23年と低迷していた中で声をかけていただいた。『助けてくれないか』という気持ちがすごく伝わってきました。これは恩を返さないといけないなって思いましたね」

藤本に代わる次期監督に小久保裕紀が就任することも、倉野の決断を後押しした。

「それがすべてではないんです。ただ、いつかは小久保さんへも恩返しをしないといけないなという思いもありました。いろんな条件、タイミングが合ったということですよね」

小久保と倉野は、青山学院大学時代からの付き合いだ。倉野が1年生のとき、小久保は4年生で主将だった。のちにホークスでも同僚となったが、野球に対するストイックな姿勢を崩さない小久保は常に倉野の手本であり続けた。

「僕にとっての小久保さんは、工藤さんと並ぶ〝野球界の師匠〟です。そのお二方がいなかったら、今の自分はない。足を向けて寝られません」

ホークスに復帰した倉野には、「投手コーチ（チーフ）兼ヘッドコーディネーター（投手）」との長い肩書がつけられた。

倉野がコーディネーターに就任したのは、これまでの経緯を踏まえれば必然といえた。

ホークスがコーディネーター制を導入する過程に、倉野は深く関与していたからだ。

10年代半ばから、工藤政権下で巡回コーチ、統括コーチを歴任。軍をまたいで投手の指導・育成方針に統一性を持たせる取り組みをしていたことが、コーディネーター制の原点となった。

アメリカにいたときには現地のコーディネーターの仕事ぶりを間近で見て、多くの学びを得ていた。また、ホークスが育成マニュアル策定の際に行ったヒアリングにも海の向こうから協力し、コーディネーター職の重要性を伝えていた。

倉野は言う。

「1軍のコーチになることが先に決まっていて、それに加えてコーディネーターを兼務することになりました。せっかく帰ってきたからには、僕の力を最大限に発揮できるような形がいいと考えました。そうじゃないと、何のために勉強しに行ったのか分かりませんから。コーディネーターはもともとやりたいと思っていた仕事でもありました」

投手と野手それぞれの部門に1名ずつの計2名で始まったコーディネーター制は、2年目の24年には投手部門2名、野手部門3名（うち1名が野手統括を兼務）に増員された。また、統括的な立場であるシニアコーディネーターに城島健司が就任したほか、データサイエンス、S&C（ストレングス&コンディショニング）、メディカルの各部門に1名ずつのコーディネーターを配置。さらに25年には投手部門3名、野手部門4名になり、拡充の一途をたどっている。

コーディネーターは指導・育成の統括管理を担う役職であり、管掌する範囲は主にファームだ。そのため、倉野のように1軍のコーチを務めながらコーディネーターを兼ねる形はかなり異例といえる。ペナントレース143試合に向き合うと同時に2〜4軍選手の指導・育成のマネジメントを行うわけで、大きな負担が生じることは避けられない。

しかも、大所帯のホークスには育成選手を含め総勢60人以上の投手がいる。24年時点では投手部門はファームを拠点とするコーディネーターとの2名体制だったとはいえ、1軍の試合や練習の合間に、ファームで登板した選手の映像をチェックしたり、各軍の投手コーチからあがってくるレポートに目を通したり、ミーティングに参加したり……。

いくらなんでも忙しすぎるのでは、と問うと倉野は言った。

「もちろん忙しいですよ。でも、負担は大きいけど苦ではないです。苦しいと思うのであれば引き受けなければいいだけの話だし、僕はできると思って引き受けている。映像はほぼ全試合、1軍から4軍まで見ます。早送りしながらでも映像を見直すだけで最低1時間くらいはかかる。そのうえでファームにいるコーディネーターと気づいたことを話し合ったり。日々、その繰り返しですよね」

24年のコーディネーター制は、トライアル期間だった23年に比べて、特に投手部門で効果的に機能した。1シーズンを走り終えた感想を、倉野はこう語る。

「いちばん良かったのは、選手がどっちの方向に進んでいったらいいのか、迷わなかったことだと思います。例えば『ストライクゾーンの中で勝負する』だとか、これだけはシーズンを通して意識するんだというものを具体的な指標とともに示して、最後までやり抜きました。その結果は数字にも表れていますよね。コーディネーター制自体は去年（23年）もありましたけど、そこまでの発信力がなかったんだと思います。でも僕は、チーム内では強い発信力があるし、肩書もありますので」

24年のホークス投手陣は、リーグベストのチーム防御率2・53をマーク。さらに前年は451あった四球を370まで減らした。こうした実績に倉野は胸を張る一方、改善点も口にした。

「コーディネーター制が強く働きすぎて、コーチ陣が指示待ちになってしまったところがあると感じています。もともと持っているもの（指導能力）があるのに、それにフタをしてしまった可能性がある。アメリカで僕が見たコーディネーターはコーチの能力を引き出すのがすごくうまかった。指導方針は一本化しつつ、それぞれのコーチが自分の色やアイディアをもっと出せるようにするにはどうしたらいいか。そのあたりには改善の余地があるのかなと思いますね」

監督像の新たな形

4軍監督の斉藤が感じていた戸惑いも、コーディネーター制が強く機能したがゆえに生じたものだったといえる。

ただ倉野は、コーディネーター制のもとでファームの監督が担うべき役割は間違いなくある、と話す。

「軍監督は、選手のモチベーターでなければならない。それに、組織の一員として、チームの一員としてどうあるべきかを選手に教育する役目もあると思っています。そういう意味では、カズミ（斉藤和巳）は監督向きだと思いますよ。僕なんて足元にも及ばないような成績を残している。その経験は選手たちに還元されるべきです。僕が帰国してから2人で話す時間がありましたけど、そのときも『ピッチャーとしてどうあるべきか、マインドセットの部分を徹底して教えてあげてほしい』という話をしました」

倉野がアメリカから帰国した23年オフは、斉藤が4軍監督就任を決めた時期である。同じ時代にホークスの投手陣を支え、現役時代から気心の知れた仲の2人。久々の対話は盛り上がり、2時間ほども続いた。

その中で倉野が斉藤に対して強く要請したのは、前田悠伍のことだった。

前田は高校野球の名門、大阪桐蔭高校でエースを務めた左腕だ。2年時に春の甲子園で優勝を経験するなど早くからプロの注目を集め、ドラフト1位で24年にホークスに入団した。球団はもちろん、将来のエースと見込んで大きな期待をかけている。

倉野は投手のヘッドコーディネーターとして育成プランを組み上げた。その第1ステップが、前田を斉藤のもとに預けることだった。

「7月頃まで4軍に置くことにしました。2軍戦や3軍戦で投げはするんですが、普段の練習は4軍で行い、カズミに見てもらう。どんな育成プランを考えているかということと合わせて『将来のエースとしての英才教育をしてくれ』と、カズミには伝えました」

金の卵を託された斉藤はまず、徹底して「観《み》る」ことに努めた。斉藤が言う。

「名門校のエース、しかもドラ1で入ってきているので、ほかの高卒1年目の選手に比べればしっかりしていますし、プライドも持っている。でも、そのプライドが邪魔をしている部分もあるな、と感じました」

例えば投内連係の練習に取り組む様子に、斉藤は引っかかりを覚えた。

ブルペンでの投球練習であれば、プライドを前面に出して「これが俺の真っすぐだ」と自己主張するような姿勢で臨んでも何ら問題はない。だが、野手と協力してアウトを取る投内連係の場面では、投手は〝我の強さ〟を出す必要はなく、むしろ抑制すべきだというのが斉藤の考えだ。

「そこはチームプレーですから、ドラ1であろうが関係ありません。（打球を）自分が捕るのか、野手に任せるのか、しっかり声で連係をとらなければいけない。その点、悠伍はコーチから『もっと大きい声を出そうや』という注意を繰り返し受けていました」

練習が一区切りし、投手たちがコーチの話に耳を傾けていたとき、その輪の中に斉藤は割って入った。そして、名指しで言った。

「なあ悠伍、何回同じことで怒られるんや。高校ではそれで良かったのかもしれんけど、ここでは通用せんぞ。しっかり声を出せ」

斉藤が技術的な指摘をすることはほとんどなかった。伝え続けたのは、プロ野球選手としてのメンタル、心構えの話ばかりだ。

向き合う対象は、前田のようなトッププロスペクト（若手有望株）だけではない。

4軍には、2軍や3軍から選手が期間限定で送り込まれてくることがある。1カ月間ほど試合を離れて短期集中で練習を積み、課題を克服させることが狙いで、これもコーディネーターの差配によるものだ。

そうした選手たちにも、斉藤はこう熱く語りかけた。

「この1カ月は特別な時間なんだということはちゃんと自覚しといてくれよ。試合に出られないってことは、今のままじゃ戦力にならないということ。だけど今後の戦力になるかもしれないと球団が考えているから、こういう時間をつくってもらえたんだ。みんながみんな、もらえる時間じゃない。軽い気持ちで練習するのだけはやめてくれ」

ドミニカから日本へとやってきた10代の選手を遠征先で食事に連れ出すこともある。母国を恋しく感じることもある彼らに対し「俺はちゃんとお前たちのことを気にかけているよ」というメッセージを届けている。

「軍の隅々にまで目を配り、プロの厳しさを伝えるモチベーター」。それこそが、コーディネーター制のもとで生まれた新たな監督像なのだ。その存在のおかげで、若い選手たちの中にプロ野球選手の礎となる考え方が育まれ、熾烈《しれつ》な競争を勝ち上がる意欲が維持される。

4軍監督の斉藤が「要らん」わけはなかった。むしろ倉野が言ったように、経験豊富で親分肌の元エースは、この上ない適任者だったのだろう。斉藤は25年、今度は3軍監督として〝若鷹〟たちを導いていく。

後任の4軍監督には、ホークスの元投手で、07年から山口県にある早鞆高校の教員、また同校の野球部監督を務めてきた大越基《もとい》が就任した。教育者として豊富な経験を有する人材を配置した人事は、球団が軍監督というポストに求めている資質をよく表している。

ホークスの育成組織改革は、ただ軍を増やし、選手を増やすだけのものではなかった。コーディネーターを核にしながら組織的に選手育成の効率を高める、新たな育成体制構築への飽くなき挑戦といえる。有望な若手が次々と台頭する仕組みが、ホークスの強さをより確かなものにしようとしている。

第2章

野球DXに挑む

いちばんダメな球団だった

ビジネス界と同様に、現代のプロ野球界においてもデータ活用の進展は著しい。計測技術の発達により、各球団は、ひと昔前では考えられなかったほどに多様かつ膨大なデータを入手できるようになった。収集したデータは、敵チームの攻略、自チームの選手のパフォーマンス向上やコンディション管理、スカウト活動における選手の評価などに幅広く活用できる。

さまざまな数字をチームの強化に生かそうと、どの球団も力を注いでいる。ホークスも例外ではない。データ活用施策に積極的に取り組み、今では同領域で「日本で一番」との自負を持つに至った。

ホークスにおける〝野球DX（デジタルトランスフォーメーション）〟とも呼ぶべき一連の取り組みは、大きく2つのフェーズに分けられる。

第1フェーズは、球団の業務システムのIT化。データを活用するための基盤整備といえる。

第2フェーズが、2020年のR&D（リサーチ&ディベロップメント）部門の新設に始まる「データとプレーをつなぐ」試みだ。データの「測定・解析」から「リテラシーの醸成」を経て、「実践」へと深化していく。その延長線上に「検定制度」や「スキルコーチ」などホークス独自の施策が誕生した。

まずはIT化のフェーズから見ていこう。

ホークスがIT化に本格的に取り組み始めたのは、現GMの三笠杉彦がやってきた08年の秋頃だ。09年にiPhoneを、11年にはiPadを全選手と首脳陣、スタッフらに配布した。端末には専用アプリを搭載し、過去の試合映像や各種データなどをいつでも手元で確認できるようになった。これは12球団の中で初の試みだった。

いかにもホークスらしい先駆的な取り組みではあったが、当時の〝舞台裏〟を知る男は意外なことを口にした。

「いちばん金はあるのに、(IT領域では)いちばんダメな球団だった」

そう語るのは関本塁だ。現在の役職は、データサイエンスコーディネーター。ホークスのIT・データ関連部門の責任者である。シニカルなキャラクターだが、辛口なコメントは本質を鋭く突く。

学生時代は野球に打ち込み、愛媛大学では「1番センター」。社会人野球からの誘いはあったが「代走要員みたいになりそう」と感じてその道に見切りをつけ、システムエンジニアとしての就職を志すことになる。

バットとグローブはしまっても、野球への思いは捨てなかった。関本は言う。

「自分には野球とパソコンしかないと思ったから、『野球・パソコン・就職』で検索したんですよ。そしたらいちばん上に出てきたのが、日本システム技術とアソボウズ（現在のデータスタジアム＝東京・千代田）だった」

関本はその2社で順に働いた。NPBのデータベースシステム「NPB BIS」の開発も手掛ける日本システム技術に3年間勤務したのち、データスタジアムに転職。ヤフーに提供する「一球速報」サービスの関連業務などに携わった。

データスタジアムではスコアラー向けのデータ入力システムも提供しており、さまざまな球団を顧客としていた。ホークスもその一つで、関本は福岡ドームに頻繁に出入りしていた。

関本に転機が訪れるのは12年のことだ。

「『データスタジアムからホークスに良い人材を出してくれないか』って、とんでもない話があった。今、GMをやってる人が言い出したんですよ」

当時、IT化の推進を担っていた三笠は、さらなる加速のためには専門人材が必要と判断した。野球とITの両方に精通した人材を求めた結果、取引先のデータスタジアムにおのずと目が向いた。

得意先からの要望とはいえデータスタジアムとしてはさすがに応じられない話だったが、ホークスが人材を求めているという情報は関本の耳にも漏れ伝わってきた。

「これはチャンスだ」

関本は直感した。かねて球団の「中」の仕事に興味があった。自分のような人材へのニーズがあると嗅ぎ取った関本は、面識のあった三笠に自ら売り込みをかけ、ホークスの一員となる。

この転職はいくらか打算的なものでもあった。関本は他球団のIT活用事情にも通じており、それらと比較してのホークスの〝惨状〟をよく知っていたのだ。

「ちょっとずるいんだけど、僕が行くことでいちばん役に立てるのがホークスだろうなって」

当時のホークスは、ＩＴ領域では先進的な球団と外からは見られていたが、実際には後れを取っていた。その一例が、スコアラーが収集したデータを活用するシステムだ。

スコアラーとは、チームが必要とする情報の収集・分析を担う専門スタッフ。これから対戦する相手チームの試合を偵察する「先乗りスコアラー」と、自チームと相手チームのデータを組み合わせて分析し戦略を立てる「チーム付きスコアラー」の2つに大別される。

スコアラーが持つ情報はチーム内の誰もがアクセスできることが望ましい。ホークスは、スコアラーが集めたデータを試合映像と紐《ひも》づけて閲覧できるアプリを自前で開発し、全員に配布した端末にそのアプリを搭載していた。スコアラーのデータを活用する環境は整っているはずだった。

ところが、積極的に利用していたのは一部の選手だけで、チーム全体としては十分に活用されていなかった。関本は言う。

「まだ僕がデータスタジアムにいたとき、スマホに入っているアプリのバックエンド（ユーザーの目に見えない裏側の部分）の開発を担当したこともありました。でも、現場（の選手たち）のニーズと噛《か》み合ってないというかね。アクセスが全然伸びない。ほんとに（端末を）配ってんのかなって感じでした」

ホークスに入団した関本はまず、スコアラー部門が収集・分析したデータを球団内で効率的に活用できるようにするシステム整備に取り組んだ。差し当たっての目標は、他球団と同等のレベルに追いつくことだった。

それとは別に、ホークス独自の業務システムの構築にも乗り出す。ファイターズが先駆的に導入していたBOS（ベースボール・オペレーション・システム）を参考にしつつ、スポーツ領域での技術活用に強みを持つライブリッツ（東京・品川）とタッグを組んで開発を進めた。そうして14年に導入を果たしたのが「Future Fastball（フューチャーファストボール）」だ。

「チームに関わる全員が使うアプリにしよう。誰もがそこに入らなきゃ仕事ができない。そんな形ができたらいいなという思いでつくった」

関本がそう語るように、Future Fastballは単にデータの共有・連携を行うだけでなく、球団運営に関する業務全般を一元管理し、効率化するシステムだ。現在はライブリッツのサービスとして外販されており、複数の球団で導入実績があるという。

入団した関本が牽引《けんいん》する形で、ホークスにおけるＩＴ化の取り組みは大きく進んでいく。

現在、ホークスの野球振興部で部長を務める須山晃次は、ホークスがＩＴ化を加速させる様子を肌で感じていた一人だ。

須山は関本と同様、かつてデータスタジアムに勤めていた。野球チーム向けの営業を担当していた13年、扱っていた商材に「PITCHf/x」があった。球の軌道を計測・可視化するトラッキングシステムの先駆けとなる技術で、既にメジャーリーグでは広く採用されていた。須山が言う。

「PITCHf/xを日本に広める、というのが私の担う役割の一つでした。プロの各球団に話を持っていきましたけど、契約してくれたのはホークスだけでしたね。ほかの球団は検討はするけど導入まではいかなかった。その頃のホークスは、自分たちでシステムをつくったり、新しい技術を取り入れたり。そういうことにいちばん積極的に取り組んでいる球団だったと思います」

他球団がPITCHf/xの購入を見送ったのは、高い価格に見合う効果を発揮する技術かどうか確信が持てなかったからだろう。それはホークスも同じだったはず。にもかかわらずホークスだけが購入に踏み切ったところに、当時の貪欲さが表れている。関本がホークスに加わって2年目に入った頃のことだ。

ちょうどそれくらいの時期から、画期的な計測技術や、データと連携した練習機材が日本の市場にも出回り始める。球団は、それらに対しても投資をまったく惜しまなかった。16年には新たなファームの本拠地「HAWKSベースボールパーク筑後」の完成に合わせて、弾道測定器「トラックマン」と、VR（仮想現実）技術を活用した「バッティングシミュレーター」を筑後に設置。最新鋭の機材を次々と導入するホークスは、ITやテクノロジー活用の領域で球界の先頭を走る存在になっていく。

19年の秋季キャンプには「ドライブライン」のスタッフを招聘《しょうへい》した。

ドライブラインは、アメリカのシアトルにある有名な野球トレーニング施設。科学的な解析で選手のパフォーマンス向上を図る。その先進性と分析力には定評があり、ドライブラインを定期的に利用しているメジャーリーガーも少なくない。

ホークスのアナリストらは、来日したドライブラインのスタッフとともに選手のデータ測定や解析を進めつつ、先端のノウハウを貪欲に吸収しようとした。「いちばんダメだった」と関本が表現したかつてのホークスの姿は、そこにはなかった。

寿司職人みたいな奴

ＩＴ化と計測機器の導入などによって基盤整備が進むと、ホークスのデータ活用は第2フェーズへと移行する。第1フェーズではデータの「測定」「分析」「共有」が主だったが、その次の段階は「実際のプレーに生かす」ことへの挑戦だった。

今や、投手が投げる球は〝丸裸〟にできる。ほとんどの球団が導入済みの「トラックマン」を使えば、球速はもちろんのこと、スピンレート（1分間当たりの回転数）や回転軸の角度、変化量（投球の変化の大きさ）などが瞬時に数値化される。

だからといって、打者がすぐにその球を打てるようになるわけではない。投手も然《しか》り。理想とする球の回転数や回転軸を把握できても、あるいは打者が苦手とする球種・コースをあらかじめ知っても、それを実際に投げられるかどうかは別問題だ。

実践できないのであれば、いくらデータを集めて分析しても、その作業は大半が意味のないものになってしまう。関本は次の目標を打ち出した。

「データとプレーを本気でつなげる。Ｒ＆Ｄをまじめにやろう」

ここでいうホークスのＲ＆Ｄとは、データサイエンスに基づいて競技パフォーマンスの向上を図る取り組みのことだ。

関本はまず、バイオメカニクス（生体力学）に目をつけた。バイオメカニクスとは、生体の構造や機能を力学的に解析し、その結果を応用する学問分野。3次元の動きを捕捉してデジタル化するモーションキャプチャの機材を購入して自力で挑戦してみたものの、何らかの成果を得るまでには一朝一夕の努力ではどうしようもなさそうだった。その道の専門家が不可欠だと悟り、適任者を探し始めた。

野球の動作解析に関する論文をあさっていた関本は、執筆者としてたびたび目にする名前があることに気づく。城所《きどころ》収二《しゅうじ》――。どんな人物なのかはまったく知らなかったが、つてを頼って紹介してもらい、面会の機会を設けた。

19年5月、場所は東京・八重洲の喫茶店――。

目の前に座った男を見て、関本は思う。

「あんなにいっぱい論文を書いているからもっと年配の人かと思ったら……。なんか寿司職人みたいな奴だな」

城所はこのとき33歳。短髪で細身、こざっぱりとした風貌の持ち主だ。関本の例えにもうなずけるが、この男こそ、バイオメカニクスの〝職人〟だった。

愛知県出身の城所は、中京大学生命システム工学部への進学をきっかけにバイオメカニクスの道に足を踏み入れた。早稲田大学の大学院に進み、博士課程修了後は国立スポーツ科学センター（JISS）で職を得た。

卓球を中心に、野球やソフトボール、スキー・スノーボードなど、さまざまな競技で動作解析を担当した。そこに、関本から声がかかった。

ちょうどJISSと結んだ5年契約の最終年に入り、次の働き口を探そうと動き始めていたところだった。プロ野球の球団からのアプローチは想定外だったが、興味をそそられ、関本と面会した。

一度会っただけでは決めかねていた城所が気持ちを固めるのは約2カ月後、三笠を加えた3人で会食をしてからだ。東京・新橋にある居酒屋の個室で、城所は次から次へと質問を繰り出した。

「球団はどんな課題を抱えているんですか」

「僕にどんなことをしてほしいと考えているんでしょうか」

三笠と関本から返ってくる答えに耳を傾けた城所は、「やりたいことをさせてもらえそうだ」との感触を得る。そして最初の面会から9カ月ほどたった20年2月にホークスの一員となった。

あとになって振り返れば、この城所の加入がデジタル技術をプレーに生かすDXの大きなターニングポイントだった。

春季キャンプ地の宮崎でチームに合流したものの、R＆D部門は城所ただ一人。この時点ではまだ機材も準備できていなかった。選手たちの練習をじっくり見て回りながら、これまでの経験を生かした新たな挑戦を構想する日々だった。

キャンプを終え、城所がファーム施設内にR＆D部門の拠点を構えた3月以降、活動が本格的にスタートする。コロナ禍によりチーム活動が停止した約3カ月間を機材の準備期間に充て、6月のチーム活動再開に合わせて選手を対象とした計測を実施し始めた。

その船出は決して順風満帆ではなかった。

体の各部位に計測機器を取りつけた選手に投球や打撃の動作をしてもらうと、その動きは速度や加速度、角度、移動距離などのさまざまな数値に置換される。バイオメカニクスでは、その数値を基に分析・評価を行い、特徴や課題を浮き彫りにしていく。

しかし、選手や指導者にそれを理解してもらい、実際の練習や指導に生かしてもらうことは容易ではない。城所が言う。

「20年の時点でも、育成の現場ではデータがほとんど活用されていなかった。多くの人が、まずデータに触れるというところに大きなハードルがあるような状況でした。『そもそも、その数字って何？』と思っている人に対して、データに基づいて良しあしを伝えるということは、一歩どころか二歩も三歩も先のところから話をするようなものです。選手やコーチが簡単に受け入れられないのは当然ですよね」

データに対する理解を深めてもらうには、一歩ずつ手順を踏んでいくしかなかった。選手にはまず、自分のフォームをどのように認識しているかを言葉で語ってもらい、そのうえで「それを数値化するとこうなるよ」とデータを示した。

言葉（感覚やイメージを言語化したもの）と数字は、見え方こそ違うが、それぞれが表しているのは同じものだ。城所は良しあしについて触れることは避けながら、感覚と数字のセットを何パターンも提示することで、両者の結びつきを選手の意識の中に粘り強く定着させていった。それにより、例えばバッティングで「詰まった」と感じたときの打球速度は時速120キロくらい、「完璧な当たり」と感じたときの打球速度は同170キロくらい、といった感覚の数値化が各自でできるようになっていく。

城所の勧誘に成功した関本は、その仕事ぶりに驚いていた。

「入ってきた当初からR&Dに関してはすべて一任することにしたんですが、ワーカホリックというか、放っておくと倒れるまで働きかねない。これはさすがにまずいと思って、人を増やしました」

21年12月、立命館大学の大学院で動作解析を研究していた森本晃央を加えた2名体制となり、城所はR&Dグループのチーフとなった。

彼らを取り巻く空気が大きく変わっていくのは、翌22年のことである。

〝バブル〟の到来

関本は言う。

「フロント側としては徐々に盛り上げていこうとしてたんです。そしたら急に〝バブル〟が来た」

22年、ファームにおいて、R&D部門を積極的に活用しようという機運が一気に高まったのだ。きっかけは、この年から2軍監督に小久保裕紀が就任したことだった。

2軍監督時代の小久保は筑後に居を構えていた。さまざまな競技の動作について科学的な知見を持つ城所とは馬が合い、しょっちゅう食事に出かけるようになった。示唆に富む城所の話を聞きながら、小久保はデータの活用がもたらす野球の新たな可能性を強く意識するようになっていく。

城所も、自身に向けられる期待感や信頼度の高まりをはっきりと感じていた。

「小久保さんは、チームにプラスになるものがどこかに転がっていないか、常に学ぼうとする姿勢を持っていたように思います。だからこそ、僕の話を気に留めてくださったんじゃないでしょうか。現場とR&Dの融合が進んだのは間違いなくこの頃からですね」

ファーム全体に強い影響力を持っていた小久保がR&D重視の姿勢を打ち出すと、選手や指導者は城所らの声により耳を傾けるようになった。選手たちのデータを読み解く力も徐々に向上していった。

選手自身の意識が変化してきた影響もあっただろう。近年はSNSなどを通して最新のトレーニング理論や練習法などの多様な情報に接する機会が大幅に増えた。また、ダルビッシュ有（サンディエゴ・パドレス）らに代表される、データに造詣が深いスター選手の活躍も科学的なアプローチへの関心を後押ししている。

R&D部門からの発信も、より具体的な「動き」に関わるものへと変わっていった。この頃から次第に、各選手のフォームのどこに効率の悪い動きがあるのか、どうすれば改善できるのかといった「評価」にまで踏み込んで、データに基づくフィードバックを行うようになったのだ。

翌23年、ホークスは「iPitch（アイピッチ）」という最新鋭のピッチングマシンを日本球界で初めて導入した。アイピッチは、トラックマンなどで収集したデータを入力すると、実際の投手が投げる球を忠実に再現できる。これにより、実戦的な打撃練習を行いやすくなった。続く24年には、アイピッチを上回る精度で投球を再現できるピッチングマシン「トラジェクトアーク」を筑後に導入。投球タイミングに合わせて投手の映像も映し出す仕様で、実際の対戦をよりイメージしやすい。メジャー球団の多くが導入しており、ロサンゼルス・ドジャースの大谷翔平も試合前の目慣らしに使っているという。

ただ、関本は〝バブル〟の到来に浮かれるどころか、むしろ危機感を募らせている。もともと描いていた構想とは、ちょっと違った方向に進みつつあるからだ。

「『R&D＝バイオメカニクス』という見られ方をすることが多いのですが、それは違う。確かに城所は本物だと思いますよ。彼が来たことで、野球のバイオメカニクスに関してはホークスが日本で一番の存在になっていると思うし、だからみんながついていくのも分かります。ただ、データとプレーをつなげるR&Dの方法論は、一つだけじゃない。たまたまそのパーツの1個目がバイオメカニクスだったというだけであって、本当はいくつかの機能を並べておきたい。ビジョン（視覚）、メンタル、そのほかには疲労というテーマもあります。今後はそういうものをR&Dに取りそろえていきたいんです」

R&Dの本質的な目的は、ある選手が競技パフォーマンスを向上させようとしているときに、どこがボトルネックになっているかを的確に把握し、そこに対して科学的にアプローチすることだ。体の使い方に課題がある選手に対してはバイオメカニクスの知見で対処可能だが、それ以外のところに課題がある場合は対処し切れないのが現状だ。

例えばバッティングの場合、どう打つかの前に、そもそもバットを振るか振らないかの「判断」が必要になる。打者が「狙い球が来た！」と思ってバットを振り始めても実際は狙っていた球種ではなかったり、逆に「ボールだ」と思って見逃したらストライクだったりする。

これは主に2つの要因――球の見極めという「視覚的要因」と、投手との駆け引きなどの「心理的要因」に分解することができる。

ピッチャープレートからホームベースまでの距離は18・44m。マウンドにいる投手が球を離してから、その球がキャッチャーミットに収まるまでにかかる時間は、球速140キロの場合で約0・44秒だ。打者はその3分の2ほどの時間が経過するまでに、球種とコースを見極め、振る・振らないの判断をしなければならないとされる。わずか0・3秒ほどの刹那《せつな》だ。見極めの技術がいかに重要かが分かるだろう。打者が「眼を鍛えたい」と考えるのも自然なことだ。

バットを振る・振らないの判断には、心理的な要因も大きく関わっている。打者の心理に強く影響するのは、相手の投手および捕手との駆け引きだ。「次こそ変化球」と思わせたところでストレート。ストレート一本で押し通すように見せかけて変化球。バッテリーは常に打者を戸惑わせようと試みている。

選手の心理状況は、それ以外にもさまざまな要因で揺れ動く。観客で埋め尽くされた球場の雰囲気にのまれたり、一打サヨナラの場面でプレッシャーに押しつぶされそうになったり。強い緊張感や高揚感が普段通りのプレーの妨げとなることも少なくない。

こうしたビジョンやメンタルなどの課題にも科学的に対処できるようにする――。それがホークスのR&D部門が目指す姿だ。

“外れ値”にどう向き合うか

ただ、R&Dの機能拡張は決して容易ではない。関本は言う。

「いろいろ問題はあります。やっぱり学問的に確立されていない領域がまだまだ多いので。『ある先生のもとで眼のトレーニングをしたら打撃成績が上がった』という選手もいるんですよ。そういうものに頼るかどうかは個々の判断に任せるとして、(球団として)そこに踏み込むかどうかですよね。どうしても民間療法的なものが多くなってくる。それを城所がやっているバイオメカニクスと並べるのは相当ハードルが高いです。それでも(科学的根拠が乏しくても)やってみないと始まらないのかな、という思いもありますけどね」

城所もバイオメカニクスだけではカバーし切れない領域があると認める。

「投げる、打つ、走る。そのときの速度や角度などはすべて物理量であり数字で表すことができます。そうした数値化がなされてこそ、それだけでは説明できない部分が浮かび上がってくるわけです。つまりバイオメカニクスは、心理学であるとかフィジカルであるとか、異なる分野に課題がありそうだということを考える〝とっかかり〟になる。まずそこから始めて、ほかの専門領域に広げていくというアプローチは合理的だと思います」

ただ、慎重な姿勢で臨むべきだとの思いは拭えないようだ。

「気がかりなのは、それぞれの専門領域の方々が、自身がやっていることがすべてだと原理主義的に考えてしまうことです。それぞれの領域の専門家に意見を求めることはとても大事ですが、特定の理論や価値観に偏りすぎないようにする、ということにも気をつけなければいけない」

24年12月、ホークスに「メンタルパフォーマンスコーチ」として伴元裕《ばんもとひろ》が加わることが明らかになった。「あくまで学術的な根拠に基づいて競技パフォーマンスの向上をサポートしてもらえるかどうかを重視して人選を進めた」と球団関係者は説明する。25年シーズンの段階ではR&D部門のメニューと位置づけているわけではないが、ポジティブな効果があると判断すれば、さらに拡充していくことになるだろう。

少しだけ、バイオメカニクスの〝弱点〟にも触れておこう。

関本は「意地悪な言い方ですけど」と前置きしたうえで、こんな問題を提起した。

「バイオメカニクスで怖いのは〝外れ値（異常値）〟を捨ててしまうこと。エネルギー効率が最も高い形を目指す学問なので、打ち方がどんどん標準化されていく。そうなったときに、山川（穂高）みたいな選手が4軍に入ってきたら矯正するのか、という問題が出てきますよね。山川の打ち方は、どう見たって標準的ではない。打率が低くなろうが、バットを速く振って球を遠くに飛ばせばいいんだっていうスイングですよ。でも、彼はそれでやれている」

24年、全試合でホークスの4番を務めた山川は34本塁打を放ち、2位に9本差をつけて本塁打王のタイトルを獲得した。一方で158三振はリーグ最多だ。近年のホークス打線で中核をなしてきた柳田悠岐も、ヘルメットが脱げ落ちるほどの〝マン振り〟が持ち味。彼らは既存の常識に当てはまらない異形の打者でありながら、チーム戦力に極めて大きなインパクトをもたらす〝変異種〟なのだ。育成段階で標準的な形への矯正が過度に行われてしまうと、〝変異種〟がもたらすインパクトを失いかねない。

こうした強烈な個性と、バイオメカニクスはどう向き合っていくべきなのか。城所のアンサーはこうだ。

「目的をどこに置くか、ですよね。飛距離を伸ばすことに目的を置き続けている限りは、(山川のようなフォームから) 標準的なフォームに変更を促すようなことはないと思います。難しいのは、将来的な技術習得の可能性をどこまで織り込むか、という点です。一見してタイミングが取りづらそうなフォームの打者でも、反復することでうまくタイミングを取れるようになる可能性は捨て切れない。例えば仲田慶介選手 (25年よりライオンズ) は、右脚をすごく大きく上げてタイミングを取るタイプ。あの打ち方でタイミングが取れていなければ指摘をしたと思います。でも、ちゃんとタイミングが取れているのであれば、理想とはちょっと違う気もするけど、それが彼に適したフォームであると認めざるを得ないというか……。そのあたりのさじ加減は難しいですね」

科学的アプローチと特異な個性。その両方をにらみつつ、最適解を追い求めていく。

元首位打者が語る「1軍打者のつくり方」

R&D部門の創設から5年目に当たる24年は、練習・指導の方法を「提案する」段階から、より「実践を促す」段階へと踏み込んだ1年だった。そこに大きな役割を果たしたのが、ホークスOBの長谷川勇也だ。

山形県の酒田南高校から専修大学を経て07年、ドラフト5巡目指名でホークスに入団。3年目の09年にレギュラーの座をつかむと、フルイニング出場を果たした13年には球団記録の198安打、打率3割4分1厘の好成績で、最多安打と首位打者の2冠を獲得した。

その後は故障もあり苦難の時間を過ごすことが多くなったが、打撃への執念を燃やし続け、代打などで奮闘した。しかし、古傷を抱えた右足首の状態が限界に達した21年、現役引退の決断を下す。

翌22年から1軍打撃コーチに就任して2シーズンを過ごしたのち、未知なる領域へと飛び移ることにした。

最初に取った行動は、電話だ。かけた相手はGMの三笠。長谷川が言う。

「僕は、何でも三笠さんに直接電話するんですよ。現役を引退するときの報告もそうでした。僕からアクションを起こす。今回は『R&Dに行かせてもらえませんか』とお願いしたんです」

三笠は驚いた様子だったが、長谷川の申し出を受け入れた。

元選手が球団に残る場合、その〝異動先〟は指導者や、裏方と呼ばれるチームスタッフ、球団職員などさまざまだが、データを専門に扱う部署への配属は珍しい。しかも球団の差配ではなく、自ら希望しての人事である。

これには、長谷川の現役時代をよく知る人ほど驚いたに違いない。

〝打撃職人〟の異名を取った長谷川は、孤高の存在だった。15年間のプロ生活で深い悩みの迷路にはまった時期ももちろんある。それでも、いつだって自力で出口を見つけ出してきた。データや動作解析の類に助けを求めたことは一度たりともなかった。

長谷川は断言する。

「僕のバッティングは自分一人でつくり上げたものです。コーチの言うことも聞いていませんでした。ヒントになりそうだなと思った部分をかいつまむ、くらいのことはあったかな。コーチからすれば頑固な奴だって思われたかもしれないけど、放っておいてもいいくらい僕は練習したので。野球で結果を出すにはいろんな方法がある中で、それも一つの正解だと思うんです。何を言われようが自分のスキルは自分で磨くんだという意志の強さが僕にはありました」

その求道者がなぜ、無縁だったはずの数字の世界を次の道に定めたのだろうか。

長谷川は、厚い筋肉に覆われた上腕をさすりながら問いに答えた。

「コーチをやってみて、ある程度のところまで選手を引き上げることはできるな、という感覚はありました。でも、僕が関わる選手だけじゃなくて、全体に対してもっともっと影響力を持っていきたい。そのために何が必要かと考えたら、今のままやっていてもダメだなと思いました。新しい知識を身につけていかないと」

23年1月、打撃コーチとしての1シーズン目を終えた長谷川は、アメリカに渡りドライブラインを視察した。「それまで僕たちが経験してきたような指導とは違う方法、アプローチがたくさんあって、すごく興味が湧きました」。しかし、自分にはそんな指導を実践するための引き出しがない。そう悟ったことが、R&Dへの挑戦を考え始める直接的な契機となった。

三笠への直訴が認められた長谷川は、勤務先をドームから筑後に移し、使い慣れないPCと格闘する日々が始まった。ドライブラインの視察からおよそ1年がたっていた。

「不安はありましたけど、やらないと覚えられないので、やるしかないって感じですね。でも、興味があることを深掘りできるという楽しみな気持ちのほうが大きかったですよ。

R&Dの2人が、選手にとにかく良くなってほしいと情熱を持って仕事をしている。そういう気持ちをすごく感じられる部署だなと思っています」

直接担当する特定の選手の技術向上を助けるのではなく、チーム全体のレベルを一気に引き上げることを目指す。それはつまり、指導法を標準化して〝メソッド〟に昇華させようという試みだ。

現役時代は「己」のみに向き合ってきた〝職人〟が、「全体」に共通する方法論を志向していることは意外にも感じられる。だが長谷川には、自分自身を実験台にしてとことん打撃を突き詰めてきたからこそ分かることがある。

「1軍で3割を打つ、ホームラン王を獲《と》るというところになると、どうしても選手次第というか……。感性とか、失敗を糧に成長につなげる応用力にかかってくるので、そこまで踏み込むのは難しい。でも、少なくとも『1軍の舞台に立てる選手』になるところまでは体系化できると思っています。打撃の基本は2軍、3軍、4軍だろうが変わりはありません。ゆくゆくは、そういうものを打撃メソッドとしてまとめ上げたい。そんな野望を持っています」

再現性のある〝1軍打者のつくり方〟とは、いったいどんなものなのだろうか。そう問いかけると、長谷川はリーディングヒッターの顔になり、その一端を明かしてくれた。

「まずは、ストレートをしっかりと打つことが大前提。それができるようになったら、次はストレートを待ちながら変化球が来たときにどう対応するかが重要になってくる。このとき選手には、高低のアプローチをするのか、コース（左右）のアプローチをするのか、その選択をさせます」

例えば、高めの球を打つことを得意とする打者は「高低のアプローチ」を選択する。ストライクゾーンを高めと低めの2つに分割し、ゾーンごとに対応の仕方を変えるのだ。高めの球が得意なら、「高めは積極的に打ちにいき、低めには手を出さない」などと方針を決める。

そうしておけば、変化球が高めに抜けてきたときに捉えられる確率が高くなる。低めに来た変化球は見送ることになるが、ボールになれば儲《もう》けものだし、仮にストライクでも「打ったとしてもどうせ凡打になっていた」と割り切れる。

少なくとも2ストライクに追い込まれるまでは、こうしたアプローチを徹底することでストレートと変化球の両方に対応でき、一定の打率を残せるようになる。

「これだけで、ある程度はいけると思います。実際、僕はそういう選手だったので。次の段階では〝奥行き〟への対応が必要になってきますが、ここからがいちばん難しい。それをクリアできた選手が3割であったりタイトルであったりに手が届くようになっていく」

奥行きとは、すなわち緩急の差。打者は、ランダムに投じられる速い球と遅い球に対応しなければならない。それには、高低やコースの割り切りに加えて、打ち返そうとする打球方向の意識やスイング軌道の操作など、いくつかの要素を複合的に組み合わせて対処する必要が出てくる。

非常に難度の高い課題だが、これに対して自分なりの解を見いだした者だけが、一流打者への道を歩んでいける。

「――とはいっても、あくまで僕の経験や感覚に基づいたものなので。これがはたして正しいのかどうかは分からないんですけど」

そう言って、長谷川は相好を崩した。

R&Dにやってきたのは「僕の経験や感覚」の〝正しさ〟をより確かなものにするため、ともいえるはずだ。感覚を数字に置き換え、見つめ直し、再現可能なメソッドに落とし込む。そんな〝野望〟が現実のものとなったとき、筑後には1軍レベルの打者たちがひしめき合うようになっているかもしれない。

ちなみに長谷川は、R&D経由でコーチ職に復帰することを念頭に置いているわけではないと語った。

「選手を支えるという意味では、ユニフォームを着てコーチをしていようが、ジャージ姿でスタッフをしていようが、一緒ですよね。だから、今みたいなR&Dの立場のままでいいのかな、とも思います。ユニフォームを着ているというフィルターがないぶん、選手たちが本音に近いところで悩みを言ってくれる。近い距離でコミュニケーションを取れるんです」

ジャージ姿のスタッフが、選手を劇的な成長に導く——。長谷川は近い将来、新たな指導者像のモデルケースとなるのかもしれない。

始まった「検定制度」

R&Dグループのチーフ、城所は長谷川の加入を歓迎した。

常時90人近くいるファームの選手を2人で担当している状況だったため、人手が増えることは単純にありがたかった。また、長谷川が選手としての実績を持つ人材であることにも重要な意義があった。

R&Dは日々さまざまな計測を行い、その結果を分析して、課題の克服や成長につながる練習方法を選手やコーチに提案する。だが、考案したドリルなどを実践してもらうという部分には課題があった。城所は言う。

「練習方法の提案を、以前はほとんどミーティングルームで行っていました。そこで『やってみましょう』という話になっても、たいていは一度持ち帰って、次の日になってから試してみる、という流れになります。そうなると、どうしても温度が冷めてしまう」

城所は高校まで野球をやっていた経験があるものの、プロ選手の前で実践してみせることはさすがにできない。どうしても言葉で伝えるだけに終始していた。だが長谷川がいれば話は別だ。言葉だけでなく、実践を伴ったフィードバックが可能になる。

「長谷川さんが来てから、ミーティングルームではなく、練習場でデータの説明などをするようになりました。ドライブラインのやり方を参考にした側面もあります。練習場に場所を変えたことで、その場ですぐ選手に実践してもらってどんな変化が起きるかを観察したり、どう感じるかを教えてもらったりできるようになった。データの提示からフィードバックの実践までを一気につなげられるようになったのは大きな変化ですね」

長谷川が加わった24年、R&Dは新たな取り組みを進めていた。「検定制度」の導入だ。発案したのは城所だ。

「試合では複雑で難しいスキルが問われるのに、練習となると基礎的なものがほとんどになることに違和感がありました。試合をイメージした練習になっていればいいのですが、そのイメージをうまく持てていない選手は練習のための練習になってしまう。そこで、試合と練習の間をつなぐようなもの、試合に必要なスキルレベルが問われるような練習は何だろうと考えた結果、検定制度に行き着いたんです。段階的に難しくなっていく課題を1級ずつクリアしていくことで選手のモチベーション向上にもつながるのではないか、と」

24年の春季キャンプから始まったホークスの検定制度には「投手検定」と「打撃検定」の2つがある。

まず投手検定は、レベルが1～10まで分かれている。基本的には制球力を問う内容で、初級レベルでは、定められた投球数のうち一定の割合でストライクゾーンに投げ込めたらクリア。中級レベルになると、左右のコースに投げ分けられるか、高低の投げ分けができるか、などが問われる。さらに上級レベルになると、カウント球と勝負球の投げ分けなど、より実戦的な投球の技術が要求される。

素案をつくった城所は、詳細な設計段階に入ると、アメリカでの武者修行から帰ってきた倉野にも意見を求めた。

倉野がコーチを務めていたレンジャーズ傘下のマイナー球団でも似たような取り組みが行われていたという。その情報も参考にしながら、最終的な形をつくり上げた。

ただし、受検のタイミングが制限されてしまうなどの運用上の課題は残っている。投手はいつでも自由に投球練習ができるわけではないからだ。

もう一つの打撃検定は、より積極的に実施されている。検定には実際の投手の球を再現できるアイピッチが用いられ、打者は基本的にいつでも受検可能だ。

レベルの設定は16段階。「アベレージ打者」向けと「中長距離打者」向けの2つに分かれているが、異なる点は打球速度の条件設定くらいのもので、そこまで大きな違いはない。

初級レベルでは、アイピッチが投じる球種はストレート限定。フェアゾーンに7割以上の確率で打ち返すことや、一定以上の打球速度を出すことなどが昇級の条件となる。中級レベルでは、ストレートに加えて1種類の変化球が入ってくる。「ストレートとスライダーの交互」「ストレートとチェンジアップのミックス（交互とは限らない）」といった具合だ。上級レベルになると、ストレートを含む3球種以上に対応しなければならない。

最難関の16級をクリアするには、1軍主力投手級の投球を再現するアイピッチを相手に、どの球種を投げてくるか分からない状態で10打数3安打の結果を残すことが必要となる。安打か否かの判定はR＆Dの3人のスタッフによる目視。「ラッキーヒットはカウントしない。かなり厳しめに見ている」（城所）という。中長距離打者の場合は、この3安打のうち1本が長打でなければならない。

元首位打者の長谷川はもろ手を挙げてこの打撃検定に賛成する。

「まさにこういうものが必要だなと思っていました。打撃って、教えるコーチによって言うことが違ってくるところがあって、『引きつけて打て』と言う人もいれば『前で打て』と言う人もいる。でも、僕はそれは自分で見つけるべきものだと思うんです。この検定は、自分が打つべきポイントをつかんでいけるような設計になっているのがすごく良いですね。

選手たちには結構ハードなことをやらせていると思いますよ。試合よりも難しいくらい、難易度を上げてある」

検定の設計には長谷川の意見も取り入れられた。昇級条件は先に触れた〝1軍打者のつくり方〟におおむね沿ったものになっているが、長谷川の考えが特に反映されているのは6級のクリア条件だ。

その段階で打者が求められるのは、145キロのストレートを「狙った方向に打ち分ける」こと。これは長谷川が語っていた〝奥行き〟への対応に必要なスキルの一つにほかならない。「まずはストレートで打ち分けができるようになってほしい」との思いを込めて城所に助言し、採用された。

打撃検定の実施状況は室内練習場内の壁に貼り出されている。それを見れば、どの選手が何級まで到達しているか、その級を何度受検したかが一目瞭然だ。5級くらいまでは多くの選手がすんなり通過しているが、レベルが上がるにつれ苦戦している選手が目立つ。24年秋に表を見たときは、11級に19回チャレンジしている選手や、13級に17回チャレンジしている選手もいた。悪戦苦闘しながらも、積極的に受検していることがうかがえる。

一方で、回数が伸びていない選手も見受けられた。長谷川が言う。

「意識の差が出ますよね。意欲的に受けに来てくれる選手は、失敗したとしても、その失敗を糧に次に何をすべきかの整理がちゃんとできている選手が多い。逆に、促されて来ることが多い選手は、ミスしたことに対しての修正がなされないまま同じ失敗を繰り返す傾向がある。なるべく自発的に来られるような空気感にはしているつもりなんですけど、全員が全員、自分から来てくれるわけじゃないですね」

崖っぷちの男

打撃検定の実施初年度だった24年、とりわけ意欲的な姿勢を見せたのが捕手の石塚綜一郎だ。

岩手県立黒沢尻工業高校から育成ドラフト1位で20年にホークスに入団。育成選手の場合、芽が出るか出ないかを見極める時間として3年が一つのメドとされるが、24年時点で石塚は既に5年目を迎えていた。まさに崖っぷちだ。

長谷川は1軍打撃コーチ時代に、育成選手を含むホークスの全野手の打撃を映像で見ていた。そのとき石塚に抱いた印象は「バットの使い方がうまい」。長打率が高いというデータも確認し、打撃センスの良さに対しては一定の評価を下していた。

その石塚が24年の春季キャンプ地・宮崎で、R&Dスタッフとなった長谷川の前に現れた。始めたばかりの打撃検定に挑戦するためだった。石塚は1級、2級、3級といずれも一発合格で昇級を果たした。

検定に取り組み始めた頃の心境を、石塚はこう振り返る。

「最初は『何か始まったな』ぐらいの感じでした。でも、実際にやってみたらうまく当たらないことも多くて。自分が成長するためにこれは必要なんだなと思って取り組みました。続けているうちに成長を感じることができましたし、途中からは、一定の級をクリアしたら2軍の試合で打席をもらえるという話も出てきた。あくまでレベルアップのためにやっていたことではありますけど、結果的には良いアピールになったかなと思いますね」

ファームの選手が競争に生き残り、1軍へと近づくためには、自身の存在をアピールすることが重要になる。だが、それは簡単なようで難しい。試合で好成績を残せればいいが、逆にいえば、それ以外のアピール手段は限られる。

その点、検定では、取り組みの成果が「級」としてはっきりと表れる。もちろん本来の目的はスキル向上だが、アピール材料としての活用価値もあるのだ。

キャンプを終えて筑後に帰ってきてからも石塚は検定への挑戦を重ね、順調なペースで昇級していった。しかし、次第に足踏みが目立つようになる。13級は7回目、14級は9回目でなんとかクリアした。

その要因として長谷川は「3軍慣れ」を挙げる。

「4年間ずっと3軍を主戦場にしてきた選手なので、どうしてもそれなりのスイングになっていました。環境に慣れてしまったスイングというか、ぬるいというか……。1軍のレベルに近づくにつれて、ストレートにしても変化球にしてもキレの良さが違ってくる。バッターはボールの急激な変化に対する反応を求められるようになります」

苦戦しながらも意欲的に検定に挑む石塚に対し、長谷川は「今日はどういう作戦？」「明日はどういうアプローチにするつもり？」などと努めて声をかけた。漫然と取り組むのではなく、課題克服への意識を明確にしたうえで受検してもらいたかったのだ。

その成果は着実に表れた。

打撃検定の最終段階は、1軍レベルの「急激な変化」に対応しなければクリアできない内容になっている。検定で〝仮想1軍〟の球と格闘するうち、長いファーム暮らしで3軍用になってしまっていた石塚のスイングは鋭さを増していった。それに伴い2軍戦でも好成績を残し始めた。

石塚は、長谷川からもらった助言が効果的だったと振り返る。

「『打ち方というより待ち方、ボールの見方の問題だよね』という話がありました。特に変化球が入ってきてからですね。ただ真っすぐを待ってるだけでは変化球を捉えられないよ、と。このコースは打つ、それ以外は打たないとか、そういう目付けの仕方や考え方の部分は新たな発見というか、すごく勉強になりました」

まさしく、先に紹介した〝1軍打者のつくり方〟に沿ったアドバイスが送られていたのだ。これで成長のきっかけをつかんだ石塚は、実際に〝1軍打者〟の仲間入りを果たす。

7月24日、ホークスは石塚を含む4人の育成選手を支配下登録すると発表。新たに背番号55を与えられた石塚はその直後に、打撃検定全級合格者の第1号となった。そして8月半ば、入団5年目にしてようやく1軍初昇格を果たしたのだ。

同21日のイーグルス戦、第1打席で初安打を放つと、続く第2打席で初本塁打をマークした。その後も1軍に残り、リーグ優勝の歓喜の輪にも加わった。レギュラーシーズン終盤以降はファームで過ごすことになったが、24年が飛躍の年となったことは間違いない。

「もしアイピッチの検定がなかったら、急激な成長はなかったと思いますし、これまでと同じように3軍を主戦場にしていたと思います。たぶん、支配下にもなれてなかったかな。R&Dは、僕にとってはバッティングコーチです。もちろん現場のコーチも気づいたことを教えてくれますし、必要な存在。それに加えてR&Dは数字を使ったアプローチをしてくれるので、また違った気づきがあります」

石塚が支配下契約を勝ち取り、1軍で出場機会を得たという事実は、ファームにいる選手たちを刺激した。負けじと検定に挑む若い選手たちの姿を見守りつつ、R&Dグループの3人は確かな手応えを感じていた。

ただ、検定制度には改善すべき課題も多く残る。

石塚の1軍での最終成績は、31打数6安打の打率1割9分4厘に留まった。本人が「僕の中では悔しい1年だった」と振り返るように、上のステージで〝壁〟にぶつかったこともまた事実なのだ。

城所は言う。

「最終成績が打率2割を下回ったことについては、いろいろと考えさせられました。検定をやれば一定の技術は身につくという手応えを得られた一方で、検定をやらなくなっても状態や技術をキープするにはどうしたらいいか、ということまでは練られていなかったなと気づかされました」

2人目の打撃検定合格者になった育成選手の内野手、中澤恒貴の実戦での成績からも、課題が浮かび上がるという。

「石塚選手に比べると、試合での技術転移に課題があるんです。当てるのはうまいけど、凡打になってしまうことが多い。『この検定だけやっていれば1軍レベルになれる』というのが理想ですが、まだまだそこまでのものにはなっていないですし、今後もアップデートが必要だなと思います」

城所は続けて、投手検定にも言及する。

「投手のほうが課題は大きいです。まず、球数に制限があるため積み上げが難しい。検定で昇級できている選手が必ずしも試合で良いパフォーマンスを出せていない、という現実もあります。試合でパフォーマンスを発揮することとブルペンでパフォーマンスを発揮することがいかに違うのか、ということが見えてきました。どうすればブルペンに試合のような環境を再現できるのか。そこはとても難しいですけど、越えていかなきゃいけないところかなと思っています」

野球界には昔から〝ブルペンエース〟という言葉がある。ブルペンでは堂々と振る舞い、威力のある球を投げるのに、試合になると途端に頼りなくなってしまう投手を揶揄《やゆ》する表現だ。そうした状況に陥ることを防ぐには、先述したようなバイオメカニクス以外の領域からのアプローチも必要になってくるのだろう。

R&Dがもたらすポジティブな効果を球団は高く評価しており、25年は検定の活用を今以上に進める考えだ。部門発足から6年目に入り、R&Dの存在感は高まる一方だ。

24年の段階ではリソース上の問題もあり、ホークスのR&Dの対象領域は「投」と「打」にほぼ限定されたが、城所には守備や走塁などで価値を発揮していきたい思いもある。今後の活動には「守備検定」や「走塁検定」などへの発展も含め、さまざまな可能性が広がっている。

〝スキルコーチ〟実装へ

25年、検定とはまた別の新たな動きが、R&Dを起点に始まろうとしている。

ホークスのデータ関連領域をつかさどる関本が、こんな話をしていた。

「僕自身はデータの専門家ではないですし、数字を見てるのが楽しいっていうタイプでもない。だから、いつも練習を見てますよ。どうやったら打てるんだろう、どうやったらそれを手伝えるんだろうなって。僕はそこから考える。極端にいえば、防御率0・00のピッチャーと打率10割のバッターを生み出したいんです。矛盾した話かもしれないけど」

その境地に至るためのアイディアとして関本が着想したのが〝スキルコーチ〟だ。

起点となるのは、コーチを2つに分ける考え方。片方が試合のマネジメントを担うゲームコーチ、もう一方が個々の選手のスキルアップを手助けするスキルコーチだ。

関本は言う。

「中学生の息子が野球をやってますけど、所属するチームが〝発表会〟のような場になってきてますよね。子どもたちはそれぞれ野球塾に行ったり、オンラインで習ったりしてスキルを上げていき、チームの監督は選手の力量を見てレギュラーを決めるのが仕事になっている。プロの球団でも各軍についている監督やコーチは、そういう〝審査員〟に近い存在になっていくんじゃないかな。彼らが託されているのは試合に勝つことだから、勝つためにベストな選手を選ぶことが大事な仕事になる。2軍以下の試合は別に勝たなくてもいいんだといわれるけど、それも気持ち悪い話というかね。今いるメンバーで勝つために最大限の努力をしてください、という方針を打ち出してあげたほうが正解なんじゃないかという気がします」

そこで関本が発想したのが、個々の選手のスキルアップを手助けする役割を切り離すことだった。既存のコーチには、調子の良しあしなどを見ながら試合に起用するか否かを判断したり、相手との相性を考慮して選手を選択したり、また攻略法についてのアドバイスを送ったりといったゲームマネジメントを任せる。スキルアップを手伝うスキルコーチは別で用意することとし、R&Dから人材を提供する——というアイディアだ。

それが25年のシーズンに具現化する。球団は、R&Dグループが用意したスキルコーチを打撃部門で起用する決断を下したのだ。これまで2名体制だった1軍と2軍の打撃コーチは各1名に減らすことにした。

スキルコーチを務めるのは、ホークスで内野手として活躍し、22年に引退後は2年間にわたり2軍打撃コーチを務めてきた明石健志と、プロ野球経験はないものの自身で個別野球スクールを運営している菊池拓斗。さらに長谷川もスキルコーチに就任し、3人で分担して1~4軍の打者への技術的指導を行う。彼らは試合時にベンチ入りしないフロント側のスタッフでありながら「コーチ」の肩書を背負うところに、新しさが表れている。既存の打撃コーチはゲームマネジメントに徹することになる。具体的には「練習メニューの作成」「(監督への)打順の提案」「相手投手攻略法の助言」の3つが主要な任務だ。また、ベンチでのムードづくりや、打者を打席に送り出す際の最後の精神面のアプローチも担う。

これまでの常識を打ち破る、かなり大胆な試みといえるだろう。その効果は吉と出るのか、否か。25年の注目ポイントになる。

ホークスが最先端機器の導入に投資を惜しまず、斬新かつ野心的な挑戦を続けるのは、球団が「めざせ世界一!」という壮大な目標を掲げるからでもある。関本は言う。

「球団のスローガンに基づいて、(デジタル技術の活用を推進する)僕らも世界一になろうってシンプルに言ってますよ。うちの部門はそれができると思うので。ご要望があれば他球団に見に来ていただいても構わない。それぐらいの器の大きさでやれたらいいなと考えています。ただ、ホークスならではのものは何かといわれたら、意外とないんじゃないかな。新しいことを始めてもそれが表に出れば他球団もやろうとするし、僕らが後追いすることもありますからね」

そんな関本は「つい先日、ちょっと感動したことがあった」という。

24年10月、筑後のファーム本拠地で「HAWKSデータサイエンス業務体験」と題したイベントを開催した。データ分析やシステム構築、ゲーム戦略の立案に貢献する人材の発掘を目的としたもので、それらの分野に関心を寄せる大学生ら数十人が参加。その際、城所や長谷川ら5人のスタッフが自身の担当領域について説明した。

「ちゃんと説明できるんだな、こいつらプロだな、と思って感動しちゃいました。これならいけるな、と。本当は良い人材を探すはずだったのに、そっちのほうが大きな収穫でしたね」

日々、数字と向き合うスタッフが外に向けて発信を行う機会は少ない。それだけに、体験会の参加者たちを前にして堂々と語る姿は新鮮であり、誇らしくも感じられたのだ。

ホークスならではのもの――。それは、高価な機材などではなく、唯一無二の人材だ。高度な専門性と、選手のパフォーマンス向上に対する献身と情熱。それらを兼ね備えた人材がホークスのDXを支えている。

東大生アナリストの選択

ホークスは常に新たな人材を求めているが、対象を経験豊富な即戦力に限定しているわけではない。もちろん必要最低限の知識を要求するものの、それより重視しているのはバックグラウンドの多様さだ。データサイエンスの業務体験イベントを開いたのも、そうした姿勢の表れといえる。

球団統括本部付ディレクター兼スカウト部ディレクター（取材時）の嘉数《かかず》駿は、組織改革の推進者となりうる人材の獲得をミッションの一つとする。求める人材像については、「今までのプロ野球界にはない角度から球団に貢献してくれる可能性がある人」と話す。

象徴的な人物が、22年にホークスに加わった齋藤周《あまね》だ。ホークスでの仕事を始めたのは大学を卒業する直前。社会人経験を持たない若者だった。

00年生まれの齋藤は幼い頃、東京ヤクルトスワローズの青木宣親に憧れを抱き、小学5年生から野球を始めた。白球を追いかけつつ勉学に励み、都立桜修館中等教育学校を経て18年に東京大学に進学。硬式野球部に入部した。

しかし、右肩の故障をきっかけとして2年時に学生コーチに転じる。それが今に至る道のりの出発点となる。

東大の硬式野球部が所属する東京六大学野球では、19年秋のリーグ戦から弾道測定器「トラックマン」が採用された。試合中にトラックマンで計測されたデータを各チームが分析に使えるようになったのだ。学生コーチになったばかりの齋藤は、そこに目をつけた。

「データ分析という専門性をつくることで、チームに必要な人材になれるかもしれない」

それまでにデータ分析の豊富な経験があったわけではない。むしろ不得手だったが、プログラミングやスポーツにおけるデータ活用の関連書籍を読むなどしてスキルを徐々に習得した。やがて独自の分析に基づく戦略をチームに提案するようになり、自らをアナリストと名乗り始める。4年時には東大野球部で初となるアナリスト部門を創設した。

当時の東大は、出口の見えないトンネルの中をさまよい続けていた。17年秋から引き分けを挟んで64連敗。負の連鎖を断ち切ることが喫緊の目標だった。

その頃のことを、齋藤はこう振り返る。

「考え方を変えていくことに取り組んでいました。野球は3つのアウトを取られる前に4つ進塁することで得点できるスポーツ。例えば1アウト一塁なら、あと2アウトを取られる前に走者は3つ進塁する必要があります。となると、ヒットを複数打つか、長打を打つか、盗塁するしかない。その中でいちばん期待値が高いものを各々《おのおの》が選んでいこう、という話をよくしていました」

監督だった井手峻とも緊密にコミュニケーションを取り、齋藤のデータは采配にも生かされた。象徴的なゲームが21年5月23日、法政大学との一戦だ。

2回、2アウトから死球で走者を出した東大は、ここで早くも一塁に代走を送る。走者がすかさず盗塁を決めてチャンスを広げ、次打者の適時打で1点を先制した。

「ピッチャーがクイックモーションでストレートを投げたときのタイムと、キャッチャーのセカンドへのスローイングにかかるタイムの平均値は事前に分かります。それを自チームの選手の走力と照らし合わせれば、盗塁が成功するかしないかをある程度把握できる。分析の結果、ヒットを打つ確率より盗塁が成功する確率のほうが高いことが分かったので、あのシーズンの東大はよく走りました。盗塁数は6チームの中で最多です。そのぶん牽制《けんせい》でアウトになることもかなり多かったのですが――」

2アウト二塁の場面さえつくれれば、ヒット1本で得点できる可能性が高い。その状況を盗塁によってつくることができるとの〝勝算〟があったからこそ、試合序盤にもかかわらず迷いなく代走を起用したのだ。

4回には敵失を絡めて1点を追加。2点のリードを守り切った東大は、約3年半にわたって続いた連敗についに終止符を打った。

このとき4年生になっていた齋藤は、電子機器メーカーであるキーエンスへの内定を得ていた。競技プログラミングのコンテストに入賞したことがきっかけで声をかけられたのだという。ソフトウエアエンジニアとして採用されることが決まっていた。

ところが、秋のリーグ戦を前にして、このまま歩みを進めていくことへの違和感が拭えなくなってきた。むくむくと湧き上がったのは「幼い頃から憧れてきたプロ野球の世界を目指したい」という気持ちだ。むろん選手としてではなく、アナリストとしての挑戦である。

しばらく悩んだ末、キーエンスに連絡を入れた。

「誠に申し訳ないのですが、内定を辞退させていただきたく――」

キーエンスは、社員の年収が高いことでも有名だ。齋藤が進路に悩んでいた21年時点に公表していた平均年間給与は約1750万円（21年3月期）。そんな企業への道筋を断ち切ることに葛藤はなかったのか。

齋藤は表情を変えることなく、当時の心境を淡々と振り返った。

「あまり物欲もありませんし、そんなに（収入に）こだわりがなかったのかなと思います。キーエンスに対しては申し訳ないという気持ちが強かったのですが、そう（辞退）すべきだと思ったので……」

過去のインタビューでは「与えるものよりもらうものが多い人生は嫌だった。もらったものよりもたくさん与えていけたらいい」と答えている。[1] ひと括《くく》りにされるのは不本意かもしれないが、ソーシャルグッド（社会に良い影響を与える活動）を好むZ世代らしい考え方に見える。

就職先を手放しても、さほど不安は感じなかった。

「今年ダメなら、また来年やり直せばいい。自分で事業を立ち上げるという手段もある」

その頃、個人のSNSでの発信に力を入れていた背景には、自らの力で進路を切り開いていこうとの思いがあったのだろう。21年9月には「ツイッター」（現在の「X」）に、キーエンスの内定を辞退したこと、そしてプロ野球の世界を目指す決意を書き込んだ。

野球への真っすぐな思いが表れた若者の宣言はフォロワーたちを驚かせ、ネット空間に広く拡散された。

ある日、齋藤が練習を終えて東大野球部の合宿所「一誠寮」に帰ると、マネジャーから声をかけられた。寮の固定電話にホークスの人から連絡があったという。手渡されたメモに書かれていた番号に、齋藤はすぐに連絡を入れた。

このとき電話に出たのが嘉数だった。拡散された齋藤の投稿が、嘉数の目に留まったのだ。

「SNSの投稿を拝見しました。プロ野球の世界に興味があるそうですね。よかったら一度、お話ししませんか」

願ってもない申し出だった。「ぜひお願いします」と即答した齋藤は、翌週には福岡にいた。嘉数の案内で2日間にわたりドームと筑後のファーム施設をめぐりながら、球団で働くことについてのレクチャーを受けた。

そして11月、ホークスと契約を結び、翌22年から「GM付データ分析担当」として仕事を始めることが決まった。

立場としては関本の配下に入った形だが、齋藤が担う業務はさまざまだ。

1年目は、先乗りスコアラーの一員として次カードの対戦相手のデータを整理することと、R&Dグループで動作解析の手伝いをすることが主な仕事。2年目の23年からは肩書を「スカウティングサポート担当」に変え、編成部門と協力しながらデータ面からの選手評価などを行っている。ファームの選手についてデータ的な観点から分析したレポートをGMやコーディネーターらに提出することもある。

ホークスでの日々は学びの連続だ。扱うデータの量や種類が大学時代より格段に増えたうえ、動作解析のように、これまで触れてこなかった領域にも挑戦することになった。

「充実感はすごくある」と齋藤は語る。

野球の魅力に吸い寄せられるようにして福岡へとやってきた。そんな齋藤にとって、野球とはどんな存在なのだろうか。素朴な疑問をぶつけられた当人は、しばらく考えてから言葉をひねり出した。

「僕もたまに考えることがあるんですけど……何なんでしょう（笑）。一つあるのは、正解のルートが決まらない、というところ。小学生の頃に体操とかピアノを習っていたんですが、そういうものにはルートがありました。間違ったところを直して、反復練習をすれば、上達していく。勉強で偏差値を上げるのも同じですよね。でも野球には、そういうものがない。言い換えれば裏技があるんです。例えば今、東大野球部でピッチャーをしている渡辺（向輝）くん。アンダースローって結構な裏技じゃないですか。正解だと思っているものの裏に、さらに良い解があったりする。そこがおもしろいのかなって思います」

野球の〝正解〟とは何か――。

データに向き合う本章の登場人物たちが皆、共通して直面している問いだ。蜃気楼《しんきろう》のように触れられないものではありながら、近づくことはきっとできる。そして、なぜか魅惑的でもある。

その核心に1センチでも迫るべく、科学の男たちは挑み続ける。

参考文献

（1） Full-Count,「〝平均年収1500万〟を蹴り鷹のアナリストに　プロ野球の世界に飛び込む東大生の挑戦」, 2021年12月22日, https://full-count.jp/2021/12/22/post1169648/2/

第3章

スカウティング進化論

閉じられた世界

前章で、2010年代前半のホークスがIT化で他球団に後れを取り、そこから急激に巻き返しを図ったことに触れた。

古い体質が残っていたのはスカウト部門も同じだった。刷新の動きは10年代後半に始まる。スカウト組織の風土改革、独自の選手評価基準の策定、そしてデータ活用による新たなスカウティング手法への挑戦。これら一連のスカウト改革を、キーパーソンたちの言葉とともにたどっていこう。

現在、ホークスのスカウト部門のトップを務めているのは、永井智浩だ。役職は、編成育成本部長兼スカウト部長。もともとはホークスの投手だった。

兵庫県立明石高校からJR東海を経て1998年にドラフト1位（逆指名）で入団。150キロ近い速球とフォークボールを操る本格派右腕として、2年目の99年に10勝を挙げ、ダイエー体制下で初の日本一に貢献する。2000年も9勝をマークしたが、01年以降は右ひじの手術などもあって成績は低迷。05年に戦力外通告を受けた。

チームスタッフとしての仕事をこなしつつ復帰の可能性を模索したものの、06年オフに現役引退を発表。その後は、子どもたちに野球を教える野球振興部で3年間を過ごした。10年、球団は組織体制を変更し、編成と育成を一体化した「編成育成部」を新設した。これに伴い、永井は「編成育成担当」に異動する。

関西のアクセントが強く感じられる口調で、永井は言う。

「(新しいポストだったため) 前任者もいなくて、僕自身『何をする部署なんかな?』と。簡単にいえば、フロント側の人間として2軍のチームにつくわけです。そこで2軍の首脳陣とコミュニケーションを取りながら、試合のレポートをフロント側と共有したり。すると1年後には3軍ができて……いろんなことが目まぐるしく展開していきました」

編成育成部という部署の誕生に象徴されるように、フロント主導の〝手〟が、いよいよ育成の領域にまで伸び始めた時期である。フロントの〝手先〟として現場との接点に身を置き、連結をスムーズにする蝶番《ちょうつがい》となることこそが編成育成担当の役目だった。

選手を指導し戦力にまで育て上げることは、現場の仕事。そこに「管理」という名目でフロントが関与を強めてきたことに対して一部のユニフォーム組からは反発の声もあったようだ。永井は粘り強く、約5年にわたって媒介役を務めた。

そして、スカウト業に足を踏み入れた。

スカウトは通常、自身の持ち場となる担当エリアを割り振られるが、永井は特定の担当エリアを持たないディレクター的な立場からスタートした。当時のスカウト部長らに随行し、目当ての選手をチェックするために全国を飛び回った。

「夏の高校野球の予選時期になると、ホテルで朝起きたら『ここ、どこや?』って感じになるんですよ。秋田に行ったら次は東京。また次の日は九州。(選手を)見たら動いて、見たら動いて、ですから。これは体力的にも結構しんどい仕事やな、と」

スカウトがどのような活動をし、ドラフトまでどのようなシナリオで進んでいくのか。学び始めた頃の感想を、永井は言葉を選びつつ振り返る。

「スカウトって、フロントとチームをつなぐ、その入り口として重要な部分なんですけど、フロントにもチームにも意外なくらい接点がないんですね。それぞれが担当エリアを任されて、その中で仕事をしてますので。僕らフロント側の人間も『スカウトさん、毎日汗を流して選手を見てはるんやろうな』というイメージはできるものの、実態がどうなんかっていうのはちゃんと見えてなかった。そういう意味で、ちょっと閉鎖的なところがあるなっていう感じがしましたね」

閉じられた世界では特殊な上下関係が出来上がっていた。

「ホークスという会社自体は、別にそんなことないんですよ。ナントカ部長だからってことですごく持ち上げられたりすることはなくて、どちらかといえばフランクな人が多い。ただスカウト部長に関しては、ちょっと違いましたね。スカウトさんたち、自分の担当エリアに部長が来ると聞いただけですごく姿勢を正すといいますか」

各スカウトとしては、推した選手がドラフトで実際に指名され、入団に至ってこそ苦労が報われる。そこに自身の評価もついてくる。担当した選手を部長ら幹部に高く評価してもらうことが、職務上極めて重要な意味を持つ。強い上下関係が生まれた背景にはそうした事情があったのだろう。

永井はよそ者だったからこそ、スカウト界のありように違和感を強く抱いた。そして、その世界観に馴染《なじ》むことを良しとしなかった。永井の表現を借りれば「全部ぶっ潰す」ほうへと舵《かじ》を切った。

17年12月に編成育成部長兼スカウト室長に、1年後には編成育成本部長兼任スカウト・

育成部部長に就任。ホークススカウト陣のいちばん上の立場になると同時に、改革をスタートさせた。

まず、上層部を絶対的な存在とする意識を一掃しようと考えた。永井は言う。

「僕の持論ですけど、差配する役目の人がいちばん能力が高い人である必要はないと思ってるんです。野球でもそうですよね。野球がうまい人じゃなくて、コーチや選手の良さを引き出せる人が良い監督なんだろうなと思う。だから、僕は自分のことを『良いスカウト』やと思わないようにしてますね。もし、スカウトの皆さんが僕の顔色をうかがいながら、僕が気に入りそうな選手を勧めてくるようなことがあったとしたら、そんな変な組織ってないじゃないですか」

各エリアを回り、担当スカウトと肩を並べて選手の様子を見守るとき、永井が自ら進んでその選手の良しあしについてコメントすることはない。自身は聞き役に回り、その選手をどう評価しているかをスカウトに語らせる。

「僕がいきなり『この選手は厳しそうやな』って言ったら話しづらくなるでしょうし、さっきも言ったように自分が良いスカウトだとも思ってないんで。1年間見てきたスカウトたちの評価を信用して、チームにとっていちばんプラスになるようなドラフトを迎えたい。

もしかしたら戸惑ったスカウトもいたかもしれませんね。上が決めてくれるという感覚がなくなって、自分はどう思うかということを発信しなければいけなくなった。そうなると責任も生まれますから」

「1回限り」で感じる力

ボトムアップ推進型のリーダーシップに切り替えると同時に、情報共有の促進にも取り組んだ。

「以前は『ミーティングする時間があるなら選手を見にいけ。それができるのが良いスカウトだ』みたいな風潮もあったんですけど、僕はミーティングの場を多く設けるようにしています。自分が見てきたこと、評価していることを的確に報告できるということもスカウトにとって大事な能力だと思うんです」

スカウト間の情報共有を進めるメリットには、アウトプットの力を鍛えられることのほかに、多様な意見を重ね合わせて評価の確度を高められることや、全体を見わたして議論しやすくなることなどが挙げられる。その一方で、情報が漏れるリスクが高まるデメリットもある。

「情報が共有されていなかった頃はほぼ漏れようがなかった。でも今は、各地区の情報がミーティングで共有されます。それによって、例えば『ホークスが関東地区の○○選手を評価している』という情報がほかの地区のスカウトから外に漏れるリスクが上がるんです。漏らすつもりはなくても、世間話でポロッと出たりすることがないとは言い切れない。それでも僕は、仲間を信用して情報共有を進めていったほうがいいと思っています」

情報漏洩に対するリスク管理を重視するなら「共有を一切しない」という選択肢もある。各エリアのスカウトから吸い上げた情報を基に、ごく一部の球団幹部だけで協議し、ドラフト戦略を密室で練り上げるのだ。実際、そうした方針を取っている球団もあるという。

「その場合、スカウトでさえも誰を指名するのか知らない状態でドラフト本番を迎えることになります。僕は、もし自分が担当スカウトをしていると考えたら、そんなおもろない仕事はないなって思ってしまうんですよね。1年間、暑い中もずっと見てきたのに、ドラフトのときは一般の人と同じように誰を指名するか分からないっていうのは……。だから僕らは極力全員でドラフト当日に向けての準備を進めていく。そこにこそ、スカウトを頑張ってきたみんなの醍醐味があるんじゃないかなって思うんですよね」

どちらが正解と断じられるものではないだろう。とにかくこれが、永井がつくり上げてきたホークスのスカウトとしてのスタイルなのだ。

現場を預かる各担当スカウトへの思いの裏には、他球団のスカウト以上に負担をかけていることへの謝意もあるのだろう。

たいていの球団は、例年のドラフト会議で支配下5～6人程度、育成選手2～7人程度を指名する。一方、ホークスの場合は育成指名が10人以上に上ることもざらだ。他球団が絞り込みの過程で弾《はじ》くような選手についても、その長所を評価し、指名リストに残し続ける。

永井は言う。

「ダメなところがあるから消していく評価の仕方ではなく、秀でた部分、いわゆる〝一芸〟を高く評価するのがうちの特徴。育成選手の場合は特にそうですね。そのぶん調査の対象が広くなるので、スカウトは本当に大変だと思います」

強肩捕手の甲斐拓也（25年シーズンからジャイアンツにフリーエージェント移籍）や並外れた俊足が売りの周東佑京は〝一芸〟スカウトの賜物だ。掘り出し物を見落とさないためには、幅広い情報収集が欠かせない。

労を惜しまず足しげく通うことはスカウティングの基本とはいえ、個人が使える時間には限界がある。そこで永井は、スカウトたちにある要求をしている。

「スカウトというのはどうしても、何回もその選手を見たいものなんですよ。自分の評価が正しいかどうか、不安になる。でも、全員がそれをやり出したら現場が回っていかない。それぞれのスカウトが、選手を見極めるときの自分なりの芯を持っておかないといけませんよね。よくクロスチェックをやりますが、それも基本的には1回限りということにしています」

クロスチェックとは、評価の確かさを高めるために、担当スカウト以外のスカウトが選手を視察することだ。永井が言う「1回限り」とは、クロスチェックを命じられたスカウトが2度3度と繰り返し視察に行くことを禁じるという意味である。

「『どうやった?』と聞いたときに『1回しか見てないので分かりません』と言われたら、僕はちょっとがっかりしてしまう。その1回でどれだけ必死に見たのかという話です。もちろん、目当ての選手が1打席しか立たなかったとか、フォアボールだったとかっていうなら、しょうがないですよ。でも、ある程度プレーするところ、その姿かたちを見て感じたのならば、イメージを膨らませて自分なりの評価ができないといけない」

平凡な石ころか、磨けば光る原石か。判断材料が限られていても答えを求められる。それがスカウトという仕事の難しさなのだろう。

これからのスカウトに求められるものとは何なのか。永井は言う。

「やっぱり、新しく出てきたものに対して柔軟であることでしょうね。自分には一切関係ないんだと遮断することがないように。データであるとか現代の選手に対する向き合い方だとか、常に柔軟な目で見られるスカウトが生き残っていくんじゃないかなと思います」

固定観念にとらわれることなく、時代に合わせて柔軟に――。2桁勝利の投手からスカウト部門のトップになった永井が行き着いた、これからのスカウトのあり方だ。そして、それを目指す改革もホークスでは始まっている。

推進役を担うのは、外部から新たにやってきた個性豊かな面々だ。

選手評価の独自基準〝ホークススコア〟

嘉数駿が歩んできた道のりは輝かしく、かつ際立ってユニークである。

都内屈指の進学校である麻布高校から00年、アメリカの名門ハーバード大学に入学し、視覚芸術を専攻した。映画監督になるのが夢で、大学卒業後は映画業界に進むつもりだった。ところが、アメリカで1冊の書籍――『マネー・ボール』を手に取ったところから針路が揺らぎ始める。本の中に描かれていた、ビジネス的な思考や統計を活用して弱小チームを生まれ変わらせたという事実に強く惹《ひ》かれた。

もともと野球が好きだった嘉数は、「野球のGM」を人生の新たな目標に据える。さっそく、メジャーリーグの複数の球団にレジュメ（職務経歴書）を送付して回った。しかし、いくら秀才とはいえビジネスのトレーニングをまったく受けていない日本人の若者だ。嘉数のもとに色よい返事が届くことはなかった。

突破口が見つからないまま1年近くが過ぎた頃、一筋の光明が差す。「知り合いの知り合いの知り合い」に球界の大物がいることが分かった。八方手を尽くして連絡を取り、なんとか会えることになった。先方から指定された場所はニューヨークのマンハッタン。通りに止められた車の中で対面を果たした。

車内で嘉数を待っていたのはボビー・バレンタインだ。テキサス・レンジャーズの監督を務めるなどメジャーリーグの指導者としてキャリアを築き、1995年に来日。千葉ロッテマリーンズの監督に就任した。シーズンをパ・リーグ2位で終えたもののコーチらとの確執が表面化し、1年限りで解任された。9年後に再びマリーンズの監督として帰還すると、2年目の2005年にチームを31年ぶりの〝日本一〟に導いた。

嘉数が面会を果たしたのはその年のオフだった。ビザの更新のためにやってきた日本国総領事館の前で、バレンタインは問いかけた。

「それで、君は何がしたいんだ？」

野球の魅力に取りつかれていた若者は、球界で仕事を得たいという強い思いと、そこで成し遂げたいことを懸命に語った。そんな姿をバレンタインは気に入ったようだ。「球団に推薦しておこう」。車中での短時間の対面の最後に、バレンタインはそう言い残した。

しばらくたった頃、嘉数のもとにマリーンズ関係者から連絡が入る。06年からバレンタインを補佐する役割を務めてほしいというオファーだった。

念願の球界入りを果たした嘉数はマリーンズでの仕事を振り出しに、サンフランシスコ・ジャイアンツ、横浜ＤｅＮＡベイスターズ、ボストン・レッドソックスでキャリアを重ねる。ほぼ3年単位で日米の球団を渡り歩いた。レッドソックス時代の肩書は「アジア地区プロフェッショナルスカウト」。17年には北海道日本ハムファイターズからのメジャー移籍を表明した大谷翔平の獲得交渉にも力を注いだ。大谷という〝大魚〟を逃した悔しさは今も残るというが、嘉数が日米のプロ野球業界で築いた人脈は類いまれなものになっていた。

そんな稀有《けう》な人材に〝鷹〟が目をつけた。レッドソックス所属だった18年にホークス入りを打診してきたのは、現GMの三笠だった。嘉数は言う。

「国際部の仕事を手伝ってほしい、それから〝世界一戦略〟の立案や推進を担ってもらいたいというお話でした。その頃のホークスには圧倒的な強さがありましたし、接点があった方たちの人柄や『めざせ世界一！』という高い目標を掲げて強化を進めているところも含めて、良いイメージを持っていました」

「日本最強」といえる球団で働くことに興味を引かれた嘉数は、19年1月にホークスの一員となった。嘉数にとって5球団目の所属先だった。

ホークスでの嘉数はまず、海外からの選手獲得を主な任務とする国際部の業務に加わり、スチュワート・ジュニアの獲得交渉にも携わった。

目を配る範囲はそれに留まらなかった。メジャーの球団運営に精通する嘉数から見れば、当時のホークスの球団組織に「古さを感じる部分もあった」。その刷新に取り組み始めた。

嘉数が最も問題だと感じていたのは、選手評価の基準がバラバラだったことだ。

球団内では複数の部門が選手の評価を担う。スカウト部はアマチュア選手や他球団の選手を、育成部は自軍の選手を、国際部は外国人選手を、といった具合だ。ただ、その基準がまるで統一されていなかった。

「僕が過去に在籍したメジャー球団では評価基準が統一されていたので、ホークスに入ってきてすぐに変えるべきだと感じました。統一のフォーマットをつくり始め、出来上がったのが『ホークススコア』というものです」

嘉数の入団1年目から試験的に導入を始め、翌20年から本格的に運用を開始。バージョンアップを重ねながら現在に至っている。

ホークススコアの基本的な仕組みはシンプルだ。評価者は、対象選手の能力に応じて点数をつけていけばよい。

まず野手については、入力項目は「打率」「本塁打数」「四球数」「守備」「走塁」の5つ。これに「出場能力」という項目が加わる。出場能力はシーズンを通して戦い抜くスタミナ、といった意味合いだ。

これらの項目について、現在の状態に対する評価「現在点」と、3年後の予測値である「3年後点」、将来的な最高到達点を予測した「成長点」をつける。成長点には想定年齢を付記する。

投手の場合は、投手として打者を抑える力である「投球能力」と、野手と共通の「出場能力」の2項目だけだ。ざっくりとしたものになっているのは、「細かくしすぎることによって項目を埋めていくだけの作業になってしまうのも良くない。バランスを考えた結果」だと嘉数は説明する。

それぞれの項目に対してつける数値は、偏差値の考え方を基本とする（出場能力のみ100点満点）。プロ野球選手の平均的なレベルと同等なら「50」とし、平均より低いなら「40」、トップに近い水準なら「70」といったイメージだ。

どんな数値をつけるかはあくまで各評価者の主観による。もちろん各種のデータを参考値として活用するが、選手ごとにプレー環境が異なるため絶対的な基準として採用するのは難しい。評価に振れ幅があることは許容し、フォーマットの統一を優先した形だ。それと合わせて、評価のぶれを極力小さくするための目線合わせの作業を定期的に行う。この評価方式は、レッドソックスなどが採用する手法がモデルとなっている。

それぞれの評価者が対象選手の〝通知表〟をつくるわけだが、それをそのまま最終評価として扱うわけではない。実は項目ごとに重みを変えているのだ。嘉数が説明する。

「例えば、打撃の50点と守備の50点では、同じ点数でも同じ評価にはなりません。また、守備だけで見ても、レフトで50点の選手とショートで50点の選手では、やはり評価が違ってきます。各項目の重みづけのために、セイバーメトリクスの『RAR』という指標を組み合わせているんです」

野球の戦術や選手の評価を統計的に分析するセイバーメトリクスにおいて、RAR（Runs Above Replacement）とは代替可能な選手と比べてチームの得点（失点）にどんな影響を与えたかを示す指標だ。日本語に訳せば「得点貢献度」となる。RARでは、得点をたたき出す「打撃」が失点を防ぐ「守備」よりも重視されやすく、守備位置についても例えば「レフト」より守備機会が多い「ショート」のほうが重要度が高いとみなされる。嘉数は、そのRARというフィルターを通して「ホークススコア」に落とし込む仕組みにした。

ただ、導入当初は現場からの反発に遭った。特に昔かたぎのスカウトにとってみれば、

■ 選手の能力を評価する「ホークススコア」

【打撃力に優れた野手A】 評価者：○○			
	現在点（24歳）	3年後点（27歳）	成長点（32歳）
打率	60	65	70
本塁打数	60	60	65
四球数	50	60	65
守備（遊撃手）	40	50	50
走塁	40	40	40
出場能力	90	100	100
ホークススコア	32.1	44.5	48.8

【守備力に優れた野手B】 評価者：△△			
	現在点（24歳）	3年後点（27歳）	成長点（35歳）
打率	40	50	55
本塁打数	40	40	45
四球数	50	50	60
守備（外野手）	65	70	70
走塁	60	65	65
出場能力	90	100	100
ホークススコア	23.4	26.7	30.2

※数値は仮のもの。ホークススコアの計算値は実際のものと異なる

新入りのエリートが考案した小難しいシステムは疎ましいものでしかなかっただろう。

嘉数は言う。

「抵抗感を持たれた最大のポイントは、セイバーメトリクスのコンセプトが絡んでくるところですね。RARを通すと、どうしても打撃偏重型の評価になりがち。例えば肩の強さに魅力がある選手がいた場合、スカウトが守備の項目に高い点数をつけたところで打撃の良い選手を評価で上回れない、ということが起こるわけです。そういう部分がなかなか受け入れてもらえなかった」

それでも嘉数は動じなかった。情に訴えるのではなく、理を貫いた。

「僕個人の考え方を押しつけようとしているわけではなくて、あくまで『これは合理的なコンセプトに基づいた評価基準なんだ』と説明しました。それと、僕がやっているのはフィールドの整備に過ぎないということも伝えました。そのフィールドの中で選手の評価をしたり表現をしたりするのはあなたたち自身ですよ、と。そういうコミュニケーションを粘り強く行うことで、皆さんにも理解してもらえるようになってきました」

スカウト部門の変革を推し進めてきた永井も、新たな評価基準の導入には前向きだった。

その後押しもあって次第に浸透したホークススコアは、今では球団内の〝共通言語〟になっているという。

ホークスでは以前に増して全体最適の視点に立った編成の議論が可能になった。特に「閉じられた世界」だったスカウト部門が、他部門と同じ評価基準を共有し、連携を強められたことの意味は大きかった。スカウト部と育成部の間で評価の手法が異なっていては、選手を獲得した段階で意見の食い違いが生まれるリスクがある。共通の評価基準としてのホークスコアが、スカウトと育成の間の橋渡しをスムーズにしてくれた。

国際派金融マンがもたらした変化

ホークスのスカウト部門は、次第にデータ活用にも積極的に取り組むようになった。その過程で重要な役割を果たしたのが、牧田恭平である。

牧田は1992年生まれ。恰幅《かっぷく》が良く、その語り口はエネルギッシュだ。都立城東高校時代は4番でキャッチャー、キャプテンも務めた。卒業後は米アリゾナ州の短大に進み、野球で未来を切り開くチャレンジに打って出た。だが、険しい道のりが待っていた。

「昔は今ほど太ってなかったんですけど」と笑いながら牧田は言う。

「けがしちゃって2年目で大学の野球部をクビになりました。日本で1年間リハビリをしてから、オレゴン州の短大に1年行って、そのあと4年制のウィスコンシン大学に編入したんです」

アメリカで粘り強く野球を続けながら、自分の活路は打撃にあると見定めた牧田は、新天地のウィスコンシン大で好成績をたたき出す。4番を任されるようになり、リーグから表彰も受けた。卒業を間近に控えて野球で生きていく道が見えないわけではなかったが、進むほどにすぼまる道であることも容易に想像できた。

「もう年齢が23、24でしたからね。スカウトがトーンダウンしていくのも感じていたし、(アメリカの)独立リーグに行ったとして、その先どうなるんだと。野球の世界に入るならビジネスのほうから行こう、と考えました」

2017年、大学卒業を機に帰国した牧田が就職先に選んだのはSMBC日興証券だった。球団社長やオーナーには投資銀行やコンサルティング会社の出身者もいる。ビジネスのプロフェッショナルとしての道を歩んでいけば、どこかで野球の世界につながるかもしれない。そんな淡い期待があった。

それから2年半ほどが経過した、ある夜のこと。アリゾナの短大時代に1年遅れで日本から留学してきた後輩と、都内で酒を飲んでいた。双方が帰国したあとも交流は続き、互いに気心の知れた仲だ。

「先輩、いつか野球界に入るって話、そろそろどうですか」

「ああ、そうだな……」

野球に関わりたいという熱意は変わらず秘めていたが、証券会社での仕事にも慣れ、野球界は少し遠い存在になっていた。牧田の生返事は、続く言葉にかき消された。

「俺、ちょっと親父《おやじ》に話してみますよ」

この酒席での何気ないやりとりから、牧田のキャリアは大きな転換点へと向かっていく。

後輩の父親の名は、安枝新倍。福岡市に本社を置く西日本新聞社の運動部長などを歴任した人物で、記者時代はホークス担当を長く務めた。とりわけ王貞治とは取材を通して懇意となり、09年には評伝も出版している。

牧田の存在を息子から伝え聞いた安枝は当時、西日本新聞社スポーツ本部長の要職にあった。「おもしろい男がいる」と牧田の話を三笠に伝えると、三笠は東京の牧田のもとに嘉数を送り込んだ。

20年夏にホークス入団を打診された牧田は、これを断った。ホークスとの対話が本格化するまで時間を要し、その間に別の転職先が決まっていたのだ。

外資系投資銀行の東京オフィスで働き始めて1年が過ぎた頃、牧田の前に再び嘉数が現れた。縁を取りもった安枝が56歳で早世した直後のことだった。「2度断ったら次はない」。牧田は覚悟を固めた。帰国してから5年近くがたった22年2月、牧田はついにホークスの一員となる。

最初に与えられたミッションについて、牧田は言う。

「まずは『スカウティングコーディネーター』という肩書で、スカウティングの現場におけるデータサイエンスの浸透や実践を促進する役割を担うことになりました。ホークスにはR&D部門にアナリストや学者みたいな人材が既にいましたが、そこと現場をつなぐ存在、知見を落とし込むような存在になることを僕は期待されていました」

ホークスにR&D部門が立ち上がってちょうど2年が経過したところだった。しかし、スカウティングにおけるデータ活用はほとんど進んでいなかった。牧田はそこに切り込んでいった。

だが、経歴からも分かる通り、牧田はそもそも「野球×データ」の専門家だったわけではない。どのように任務を遂行したのか。問われた牧田は苦笑する。

「学生時代から新しい情報には敏感なほうでしたし、野球に関するデータ活用についてもある程度は知っていました。でも、僕が最初に（スカウトの現場で）取り組んだのは、普通に考えれば分かることばかりだったんです。計測したデータを見ながら、ホップ成分が高くなると空振りの確率が上がるよね、スライダーの回転数が多いと曲がり幅が大きくなるよね、というような会話をスカウトと交わす程度です。それから、今はいろんな知見も機材もあるんだから、スカウト部としてできることはもっとあるはずだし、新しいものはどんどん取り入れていきましょう、という働きかけをしました。それも、ごく当たり前の感覚ですよね」

ビジネスの現場にいた牧田にとっては当たり前でも、慣習が重視されがちな野球の世界ではまだ当たり前になっていなかった。外の世界の「普通の感覚」を持ち込んでもらうのが、業界の外から人材を引き込む価値の一つだろう。

金融の世界で数字と向き合う経験を積み、野球先進国であるアメリカのデータ活用事情にも一定の知識があった牧田は、スカウトの意識を変える役割をしっかりと果たした。

牧田はR&Dグループのチーフである城所収二の部屋をたびたび訪れるようになる。そこで城所と対話を交わしながら、スカウティングにデータをどう活用できるかの考察を深めていった。新たな発見を得られたら、スカウト陣に共有した。そうして自身と周囲のデータに対するリテラシーを高めつつ、次の段階、実践のフェーズへと歩みを進めた。

持ち運び可能な弾道測定分析機器である「ラプソード」などを用いてアマチュア選手のデータを取り、スカウティングの材料として本格的に活用し始めたのだ。ホークスのスカウト陣は高校や大学など選手所属先の了解を得たうえで機材を持ち込み、選手のパフォーマンスを計測するようになった。当然ながら、交渉行為を禁ずるプロ・アマ規定に抵触しない範囲の中での活動だ。

「僕も同行することが多いですけど、（所属先の）監督さんはたいてい喜んでくれますよ。監督さんなりに感じていたことが数字で可視化されるわけですし、そこから話が盛り上がることも多い。ラプソードなんかはスカウトが使うツールとして、すごく良いものだと思いますね」

スカウトたちも変わっていく。スカウト間、あるいはアマチュアの指導者とのコミュニケーションで、データに基づく発言がすらすらと出るようになった。「僕はそれが何よりうれしい」と牧田はほほ笑む。

計測の場で「印象」と「数字」の両方でポテンシャルの高さを示し、評価を劇的に向上させる選手もいる。その代表例が、24年秋のドラフト会議でホークスから1位指名を受けた投手、村上泰斗だ。

24年8月のある日、ホークススカウト陣は全国高校野球選手権大会が行われている甲子園球場を静かに抜け出した。向かった先は、村上のいる神戸弘陵学園高校だ。

同校は夏の兵庫県大会3回戦で敗退したため3年生の村上は既に部活を引退していたが、プロ入りを目指して自主練習中だった。そこにホークススカウト陣はラプソードを持ち込み、データを計測させてもらうことになっていた。

視察に同行した牧田は、興奮した様子で当時を振り返る。

「あの日のブルペンは衝撃的でした。苦手なものがない感じ。普通、吹き上がるような真っすぐを投げられる子は曲がり球を投げるのが苦手だったり、曲げるのが得意な子は強い真っすぐを投げられなかったりするものですけど、村上くんはホップ成分の高い、空振りを取れる真っすぐも投げられるし、曲がり球も得意。球が荒れることもなく、ある程度ゾーン付近に集められる。そんな高校生は珍しいですよね。しかも、プロのスカウトが8人、9人とぞろぞろやってきて、周りを取り囲まれた中でも力みすぎることなく堂々とパフォーマンスを発揮していた。一球一球のステータスも良かったですし、こういう子が1位で指名されるんだな、と感じました」

2カ月後のドラフト本番まで評価の高さは変わらず、村上はホークスから1位指名を受けた。

測って、獲る――。そのスカウティング手法が正しかったのか否かは、数年後の村上の活躍度合いによってジャッジされることになる。

眼力か、データか

村上の場合は「印象」と「数字」が高い水準で一致したことで評価が定まったが、その1年前、ホークススカウト陣は対照的なケースに出くわしていた。スカウト陣を束ねる永井が証言する。

「村上には『こんな球を投げるんか』と驚かされましたけど、それとは逆のパターンだったのが武内くんですよね」

國學院大学に在籍していた左腕、武内夏暉。群雄割拠の東都大学野球1部リーグにて頭角を現し、3年秋には4勝0敗、防御率0・68の好成績でMVPを受賞した。逸材ぞろいだった同世代の投手の中でも完成度は最高クラスとの評価を得ており、福岡県北九州市の出身ということもあってホークスは熱視線を注いでいた。

ホークススカウト陣は、村上のケースと同様に、武内の投球をじかに計測できる機会を得た。永井が不思議そうに振り返る。

「すごく数値が平凡だったんですよ。もちろん悪いってことはないんですけど、飛び抜けて回転数が多いとか、スライダーの曲がりに特徴があるとか、そういうものは見られなかった。でも、スカウトの眼から見た印象としてはすばらしいんです。『これはええな』『活躍しないイメージが湧かへんぞ』って。そこからずっと議論になりましたね」

スカウトの眼力は「獲《と》りにいけ」と訴えてくる一方で、計測データが「球自体はスペシャルでない」とブレーキをかける。議論を尽くした結果、「武内を1位で指名する」との方針が固まった。眼力を信じたのだ。

23年のドラフト会議ではホークスを含む3球団が武内を1位で指名し、抽選の結果、交渉権はライオンズの手に渡った（ホークスは〝外れ1位〟で前田悠伍の交渉権を獲得）。そして翌24年、武内はルーキーながら10勝を挙げる活躍を見せ、みごと新人王に輝いた。

永井は苦笑いを浮かべる。

「シーズン中はうちも武内くんに抑えられました。でも、そういう姿を見ながら『あ、見立ては間違ってなかったんやな』と思いましたね」


武内の評価でデータが生きなかったからといって、データ活用の試みが無意味だということにはならない。

そもそも、ホークスの狙いは評価基準をスカウトの眼力からデータにまるまる置き換えることではないからだ。眼力頼みだった状態にデータという新たな材料を加えただけであり、最終的な判断はさまざまな情報に基づいて総合的に下される。

データを妄信して武内の1位指名を回避していたら、そちらのほうが問題だったかもしれない。すべての能力が数字に表れるわけではなく、長年にわたって選手を観察してきたスカウトの眼も大事にするべきだ。そんなことを再確認するケースとなった。

技術の進展に伴い、「測れる能力」は増えていくだろう。スカウトの眼力とデータをてんびんにかけながらの難しい判断を迫られる事案もさらに増えるに違いない。評価の確度を上げるためには、新しい技術も取り入れながらケースを積み重ねていくしかない。

ちなみに、打者の計測は投手の場合よりも難度が高いという。理想は投手が投げる〝生きた球〟を打つところを測ることだが、投手の質がバラバラなため測定の前提条件がどうしてもぶれてしまう。ティーに固定したボールを打つ〝置きティー〟ではスイングスピードなどを測れる一方、動くボールにバットを当てるコンタクト能力は測れない。測定の再現性が高い投手でスカウティングでのデータ活用が先行しているのが実情だ。

牧田はスカウティングにおけるデータ活用にはさらなる可能性があると考えている。その一つとして構想するのが〝体験型スカウト〟だ。

第2章で紹介した通り、今やデータさえあればアイピッチやトラジェクトアークを使うことで投手の球を再現できる。スカウト目線で考えれば、注目のアマチュア選手が投げるボールを球団施設内で疑似的に体感できるということだ。牧田は言う。

「投球データはラプソードで計測しにくいか、それができなくても映像からAI（人工知能）で抽出できます。そこから再現した球をスカウトが実際に打ってみるのもおもしろいんじゃないかな。ただ試合を見ているのとはまた違った情報を得られる。打者から見るとこういう曲がり方をするんだなとか、意外とバットに当たるんだなとか。もちろん制球力や球持ちの良さなど再現できない要素はいろいろとありますけど、スカウトがそういう〝眼〟を養っていくのもありなのかもしれない」

体験型スカウトが実際に有効なのか、浸透していくのかはまだ分からないが、ホークスのスカウト部門が選手評価の精度向上に資する施策を切望しているのは確かだ。

ホークスの選手獲得・育成の状況を直近10年間ほどのスパンで見たとき、ドラフトで上位指名を受けた選手の伸び悩みが目立つ。

例えば、15〜18年のドラフトで1位指名を受けて入団した4人の選手全員が既にチームを去った（2人が引退、2人が他球団で現役）。これは12球団でホークスだけだ。また、19年以降に1位指名を受けた選手も、佐藤直樹と風間球打の2人が〝育成落ち〟を経験している（佐藤は24年、支配下に再昇格）。入団5年目以内（24年時点）のドラフト1位選手が2人も育成契約に切り替わったのも、やはりホークスだけだった。

近年のホークスが高い潜在能力を持つと見込んだ高校生を積極的に上位指名しているという背景も加味しなければならないが、ドラフトで選んだ選手を戦力として育てるところに苦戦していることが見て取れる。

その要因を永井に尋ねた。

「そうですね……。評価や調査に十分でない点があったのか。能力があるのに野球に向き合い切れない、それでなかなか出てこられない選手もいますからね。ただ『これがうまくいかない原因だ』と一概に言うことはできないと思っています。個々に理由は違うので、それぞれの案件に向き合って僕らとしては反省しないといけない」

永井は反省の弁とともに、自らを戒める言葉も口にする。

「それと同時に注意しないといけないのは、もう失敗は許されないからと、無理やり成功例をつくり出そうとすること。ドラフト上位で入った選手をスカウト部が強引にプッシュするようなことが起き始めたら、それこそ悪循環だと思います。別に上位指名でなくても、下位指名でも育成指名でも、良い選手が出てきてくれればそれでいいっていう思いも一方にはあるんですよ。それがプロ野球という世界なので」

とはいえ、スカウトによる評価と入団後のパフォーマンスは、乖離《かいり》が小さいほうが望ましいだろう。評価の精度を高めるための模索が続いていく。

競争が厳しすぎる？

24年オフの報道では、ホークスの編成に関する話題がたびたび取り上げられた。その中でプロ野球ファンに強い印象を与え、物議を醸したのは、支配下選手に育成再契約を打診する、いわゆる〝育成落ち〟のニュースだった。

24年度のホークスの育成選手は56人でスタートし、うち8人が支配下契約を勝ち取った。支配下選手には70人の上限があるが、球団はそれを当初62人に抑え、若手の台頭を促していた。つまり8人を支配下に昇格させたのはほぼ計画通りといってよい。

25年シーズンを迎えるに当たって同様の状況をつくるには、当然ながらもう一度、枠に空きをつくる必要があり、戦力外を通告される選手が出てくることは避けられない。

24年オフに戦力外通告の対象となったのは23人に上った（支配下選手9人・育成選手14人）。数の多さ自体が世間に驚きをもって受け止められたが、それ以上に注目を集めたのは、育成から支配下に昇格したばかりの選手3人が含まれていたことだった。

内野手の仲田慶介は24年シーズンの開幕直前に、投手の中村亮太と三浦瑞樹は7月に支配下入りを果たした。背番号が3桁から2桁に変わり、「これでやっと〝プロ野球選手〟

になれた」との思いがあったに違いない。それからわずか数カ月後の非情な宣告だった。

仲田と三浦の2人はホークスから育成再契約を打診されたが即答は控えた。そこに他球団からのオファーが届き、仲田はライオンズへ、三浦はドラゴンズへと移籍することが決まった。2度目の戦力外通告となった中村はマリーンズに入団した。3人とも、移籍先との契約は育成契約だった。

SNSにはファンからさまざまなコメントが書き込まれたが、球団の編成に対するネガティブな意見も決して少なくなかった。

「せっかく支配下に昇格したところなのに選手がかわいそう」

「競争が厳しすぎてファームの選手がモチベーションを保てないのではないか」

また、戦力外通告を受けた選手が他球団との契約を結ぶ事例が相次いでいることから

「ホークスは選手を飼い殺しにしている」というような見方をするファンもいる。

こうした声に対して、編成のトップはどう考えているのか。率直に永井に聞いた。

「スカウトや育成、いろんなことに取り組んでますけど、何をもって成功とするかといえば、チームが強いことですよね。何があっても勝てるホークスであり続けることが僕らのモットー。仮に柳田、山川、近藤（健介）がいなくなっても優勝しなければいけない。

『誰かがけがしたから今年はダメだった』という言い訳はやめようね、と。だから控えにも良い選手がたくさんいるし、そういう選手が必要なんです。よその球団に選手が出ていって、そこで活躍したりすると、強がりでも何でもなくうれしいですよ。『ちゃんと試合で使ってあげれば活躍できる選手だったじゃないか』と言われますけど……それはもう、僕らがたたかれたらいいんです」

出場機会になかなか恵まれない選手の存在あってこそ、ホークスの強さはより盤石になるということだ。

そう考えると、やはり控え選手のモチベーション維持が重要な課題となる。選手の競争心をいかに喚起し続けるか。永井によれば、支配下の枠に空きをつくっておくのは、まさにそのためだという。

「50人以上の育成選手がいて『枠は2つしかありません』となったらモチベーションが湧かない。ただ、枠を空けるには、どうしても支配下から育成に戻ってもらう選手が出てきます。そこが難しいところですよね。シーズン中に育成から支配下に上がった選手は、分かりやすくいえば支配下70人のうち70番目の選手。厳しい見方をすると、戦力外になる

（育成再契約の対象になる）確率はいちばん高いです。支配下に入ってからも成長して65番、60番と自分の立ち位置を上げていくことができれば次の年も支配下で契約できるし、70番目のままだったら育成に戻らざるを得ない。それは単純に物理的な問題なんです」

編成側の苦しい胸のうちを吐き出すように、永井は言葉を重ねる。

「逆にいうと、育成に戻ったとしても、次の支配下昇格の1番手、2番手の位置にいるということ。ですから、また春からよーいドンで競争していったときに支配下になれるチャンスは十分にあるんですけど、なかなかそこが理解してもらえないですね。やっぱり人間には感情がありますし、本人がショックを受けたり、ファンの方から『ひどい』という声が上がったり。それは僕らも分かるんですが、じゃあ、すぐに育成に戻すのはかわいそうだから最初から支配下に上げずにおくとしたら、それはそれでどうなんだと。選手にすれば、『また育成に落ちる可能性があるとしても支配下に上げてほしい』って思うはずなんです。『たとえ半年、3カ月でもいい。育成のままでいるよりは支配下になりたい』って。でも実際に『また育成からな』と言われると、ガーンとなってしまう」

永井はさらに「支配下と育成という日本語の響きとか感覚が邪魔している部分もあるんかな」とつぶやく。

「メジャーには40人という枠がある。そこから漏れてマイナー契約になったとしても、来年またそこを目指そうってなるじゃないですか。NPBの場合は1軍の選手登録枠31人というものがある。育成だろうが支配下だろうが関係なく、全員でそこを競い合う感覚を持ってもらえたらなと思いますね」

日本球界の中だけで考えると、4軍制を敷き50人以上の育成選手を抱えるホークスは競争が厳しすぎるように見える。ところが、メジャーと比較するとその印象は一変する。

メジャー球団の視察もしている牧田によると、「メジャーの各球団は40人枠のほかにマイナーに165人くらい、ドミニカに設置したアカデミーに30〜40人、合わせて240人前後の選手を抱えている」という。

4軍まであるホークスでも選手数の規模は120人前後で、メジャーのわずか半分程度だ。世界一を目指す球団としては、きっとまだまだ十分ではない。

偶然にも、永井へのインタビューの最中に新たなホークス関連ニュースが流れていた。24年のドラフト会議においてホークスから「育成1位」で指名を受けた高校生投手が入団辞退を決断したという。育成ドラフトが導入されたのは05年だが、ホークスから育成指名を受けた選手が入団を思いとどまったのは今回が初のケースだ。本人発表のコメントには、ライバル視している同世代の選手たちよりも低い評価でプロ入りすることへの悔しさが、入団に踏み切れなかった理由として記されていた。

だが、「ホークスの育成から1軍に上がるのは大変すぎるから敬遠されたのだ」と見る向きも多かったようだ。

この一件や〝育成落ち〟に対する反応に限らず、ホークスの編成面の動きは批判の的になりがちだ。ただ、厳しさがにじみ出るのも世界基準の強さを希求しているがゆえ。球団がミッションとして掲げる「最強の追求」の代償と割り切るしかないのだろう。

批判の矢を浴びながら、毎年の優勝と、未来の世界一という結果で自軍選手の努力とファンの期待に応えていく。ホークスが歩もうとしているのは、そんな孤高の道なのかもしれない。

第 4 章

育成の“マニュアル”をつくる

〝育成マニュアル〟誕生の発端

人を育てるのは難しい。球界においても「育成」は永遠の課題だ。目利きのスカウトが惚れ込んだ選手がプロの世界で頭角を現すとは限らない。それでも、組織の力や仕組みによって「確率」を高めることはできるはずだ。

ホークスが育成領域で進める変革は、そんな発想に基づいているといえる。

一つは、第1章で解説したように3軍に加えて4軍までつくり、球団が抱える選手の数を増やしたこと。分厚い下部組織を設けて母数を大きくしたうえで、ふるいにかけるのはメジャーと同じ方式だ。

もう一つは、第2章で取り上げたIT・データ活用による育成支援。科学的なアプローチで指導の効率を高め、選手の成長を加速させる試みだ。4軍制が量的拡大を図る施策なら、こちらは質的向上を狙う施策といえる。

これらの取り組みは、育成に関わる人員の増加と組織の複雑化を伴う。育成スタッフの数は2010年代には70～80人程度だったが、4軍制が始まった23年には約1・5倍の114人に増えた。R&D部門の影響力の高まりなどにより、指導の内容や手法も多様化している。球団は、巨大化かつ多機能化しつつある育成組織をどのように有機的に連携させるのか、という新たな課題に直面することになった。

コーディネーター制の導入はそれを見越したものだったが、導入初年度（23年）は現場に混乱が巻き起こった。制度を詳細まで詰め切れておらず、コーディネーターを核とした新たな指導・育成のあり方について育成関係者が共通認識を持てていなかったためだ。

そこで球団が着手したのが〝マニュアル〟の作成だった。

これは「選手の育て方マニュアル」のようなものではない。育成組織が円滑に機能することを目的とした「育成関係者全員が持っておくべき共通認識を明文化した文書」と表現するのが適切だろう。ホークスでは組織のフレーム（構造）をつくるフェーズが一段落し、その機能性や運用効率を高めるフェーズに入ったといえる。

マニュアル策定の過程では、「ホークスの育成とはどうあるべきか」を見つめ直すことが避けられなかった。関係者の思いをかき集め、議論を重ね、マニュアルの「バージョン1・0」が完成したのは24年1月。以後、ホークスの育成関係者たちはそれを〝虎の巻〟として活用し始めている。

このマニュアルをつくり上げるまでには紆余《うよ》曲折があった。

出発点は思わぬところだった。スクール事業である。

ホークスの子ども向け事業の一つに「ホークスベースボールスクール」がある。NPO法人ホークスジュニアアカデミーが運営する月謝制の野球教室で、幼児から中学生（主に小学生年代）を対象とし、九州・山口エリアに約40の拠点を展開。指導者の多くはホークスOBの元選手たちだ。単に事業というだけでなく、野球振興のための活動という一面も併せもつ。

このスクール事業に「共通のメソッド」の話が持ち上がったのは19年頃のことだ。野球振興部の部長を務める須山晃次が言う。

「私が着任する前の話になりますが、当時はスクールの運営方法が拠点ごとにバラバラだったんです。それで球団の上層部から、統一的なスクール運営を行うよう指示があったと聞いています。本来は、野球の教え方や練習方法から、入退会の案内や保護者対応などの運営面までひっくるめた話だったはずですが、そういう動きにはつながらなかった。『スクール共通の〝メソッド〟をつくるように』という（指示の）言葉に引っ張られたのか、当時の指導者が練習メニューをつくって各拠点に広めようとする動きがあった程度です。

何が課題で、何から手をつけるべきなのかということが整理できないまま、2年、3年とたっていたような状況でした」

21年暮れに事態が動く。きっかけは組織体制の変更だった。

一般に、球団会社には「強いチームづくりを担う部門」と「収益の最大化を図る部門」という2つの大きな部門がある。ホークスでは前者が球団統括本部、後者が事業統括本部だ。

もともとスクール事業を所管していたのは事業統括本部傘下のスポーツ振興部野球振興課だったが、野球振興課は野球振興部に格上げされ、同時に球団統括本部の傘下に移ることとなった。須山が現職に就いたのもそのタイミングだ。

「（球団統括本部のトップである）三笠が引き取った形になりますね。スクール事業の運営面は引き続きスポーツ振興部の管轄ですが、スクール指導者の育成と指導内容の改善については野球振興部の役割になりました。このとき一緒に、『ホークスジュニア』の活動も野球振興部が見ることになりました」

12球団はそれぞれジュニアチームを持っている。対象は小学5・6年生で、各球団セレクション（選手選考）でその年のメンバーを選抜する。選抜されたメンバーは夏以降、練習や合宿、練習試合を重ね、12月に開催される「NPB12球団ジュニアトーナメント」に参加。その大会でプロと同じユニフォームを身にまとい、日本一を目指す。

スクール指導者の育成とホークスジュニアの活動を野球振興部が担当する体制への変更は、スクール事業の改革を前進させる目的に加え、長期的な観点でのチーム強化も見据えたものだった。

当時のプレスリリースには「チーム育成体制とジュニア指導体制のシームレス化」との文言がある。1軍を頂点としたピラミッドが2軍、3軍、4軍、さらに小中学生年代にまですそ野を広げたと考えれば分かりやすい。

誤解を恐れずにいえば、これによってホークスの〝選手層〟は厚みを増すことになる。もちろん現状ではホークスジュニアの選手やスクールの生徒がトップチームに〝昇格〟する直接的なルートはないが、球団は将来の可能性を見据えて、すべての育成年代をカバーした巨大なトライアングルを構築しようとしている。そう遠くない未来に中学生年代（現在は野球塾という形式で展開）および高校生年代で構成される〝ホークスユースチーム〟が誕生する可能性も十分にある。

球団内での位置づけが変わった野球振興部を託された須山。その経歴についてここで触れておきたい。

彼の場合もやはり、駆け抜けてきた道には白球を追った足跡が残る。静岡県立浜松北高校から慶応大学を目指したが不合格。2浪しても突破はならず、併せて受験していた早稲田大学に「引っかかった」。1998年入学の野球部同期には同じく2浪の江尻慎太郎がいて、その1年後には和田毅が後輩となった。いずれも、のちにプロの舞台で活躍する選手たちだ。

そんなタレントたちに囲まれながらも、無名の右腕は埋もれなかった。須山が言う。

「こういうトレーニングがあるんだな、これやってみようかなって試行錯誤するのは割と好きなほうでした。高校時代は（球速が）130キロいくかいかないかの投手でしたが、筋トレも地道にやって、大学ではマックス140キロ出せるようになった。初登板は3年生の春でしたかね」

東京六大学公式戦のマウンドを経験した須山は2002年、社会人野球に進む。ところがコンビニ大手、ローソンの硬式野球部では、効率や工夫の余地をほとんど見いだせなかった。「とにかく走る。猛練習で疲れ切って、試合が始まる前から疲れてました」。入社から1年後、廃部とともに須山の選手人生も終わりを迎えた。

スポーツ先進国で学びを得たいと考えた須山は渡米し、大学院でスポーツマネジメントを専攻。サンフランシスコ・ジャイアンツ傘下のマイナー球団でインターンを経験した。

日本に戻ったのは08年。ロサンゼルスのエージェント（代理人）オフィスに採用され、日本市場開拓のミッションを負って帰国した。だが、日本球界では代理人による契約交渉は、その制約の多さゆえ一向に普及が進まなかった。須山はフィールドを変えることを決断し、10年にデータスタジアムに入社する。

顧客の1社だったホークスから誘いを受けて福岡にやってきたのは19年のことだ。チーム戦略室でIT・データ活用の環境整備を中心に幅広い業務に従事したのち、新生の野球振興部を託された。

スクール運営の統一という目下の懸案を前に、須山はこう考えた。

「これまで何年もかかって解決できていない。社内のリソースだけでは難しいのであれば、外の力を借りるしかないだろう」

手を組むべき〝相棒〟を探し始めた。

〝ホークスらしさ〟とは何か

このとき須山が頼ったのが、嘉数駿だった。「誰か力になってくれそうな人を知らないか」との相談を受けた嘉数は、かねて付き合いのあった経営コンサルタント、藤熊浩平に連絡を入れた。

「スクールの運営方法や指導内容を統一して、マニュアルをつくりたいそうなんです。一度、話を聞いてもらえませんか」

「もちろんです。ぜひお話を聞かせてください」

電話に出た藤熊は、よどみなくそう答えた。

22年の春頃、須山と藤熊はリモート会議で初めて顔を合わせた。いや——もしかすると約20年ぶりの〝再会〟だったのかもしれない。

藤熊は01年春に東京大学に現役合格を果たした。奈良県の東大寺学園高校では軟式野球部に所属し、投手を務めていた。大学で真剣に野球に取り組むつもりはなかったが、神宮球場で東京六大学野球の空気を吸って気が変わった。1年生の夏、硬式野球部に入部する。やがて投げるより打つほうに才覚があると悟り、外野手に転向。その才能が開花し、4

年秋のリーグ戦では4番を託されるようになった。

「ピッチャーで頑張っていこうとしていたとき、バッティング練習に本腰を入れていなかった私を見て、先輩たちは不思議がっていたそうです。『あいつ、絶対バッティングを磨いたほうが伸びしろがあるのにな』って。自分ではそんなこと、まったく思っていなかった。正解が自分の中にあるとは限らないんですね。周りの人には正解が見えていて、自分にだけそれが見えていないことだってある」

そんな藤熊の気づきは、大学卒業後に経営コンサルタントの道を選んだことと符合する。実直にキャリアを重ね、自身の裁量で動ける範囲が大きくなってからは、自らの〝原点〟ともいえるスポーツ領域の案件に積極的に関わってきた。

藤熊が東大の1年生だった01年、須山は早大の4年生になっていた。2人は試合で対戦することこそなかったものの、同じ時期、同じ舞台で、野球に青春を捧げていたことは間違いなかった。

仲介役として会議に参加していた嘉数が、紹介がてら藤熊の球歴に触れる。

「藤熊さんは東大野球部で4番を打ってたんですよね」

「はい。4番といっても全然大したことはないんですが……。2年生の頃に和田(毅)さんと対戦したときは3打数3三振。まったく歯が立ちませんでした」

須山が笑みを浮かべて返す。

「私も早稲田で野球をやってたんです。和田の1つ上の学年で」

懐かしい記憶の共有は、それだけで初回ミーティングの成果として十分だった。数カ月後、スクール運営を統一・マニュアル化するプロジェクトが正式に動き出した。


最初のステップは課題の整理だ。ホークスは何のためにスクール事業を営むのか。現在の運営体制のどこに、どんな問題があるのか。コーチは子どもたちに対して、どんな指導を行うべきなのか。小中学生のうちに身につけておくべきスキルとは何か……。須山と藤熊はスクール設立からの歴史もひもときながら本質的な問いを繰り返し、あるべき姿を浮き彫りにしていく。

GMの三笠に対しては、一定の進捗があるごとに報告の場をつくった。課題整理を終え、いよいよ具体的なマニュアル策定へと入るときにも、方針を共有するためのミーティングを開いた。

須山たちの説明を聞き終えた三笠が、ふと口を開いた。

「ただきれいにまとまったものが出来ればそれでいいとは思ってないんだ。教える相手が子どもだとしても、その教え方、指導のメソッドには〝ホークスらしさ〟がなくてはならないと思う」

マニュアルに〝ホークスらしさ〟を織り込んでほしい――。それはシンプルでありながら、かなりの難しさを含む注文だった。須山が振り返る。

「当初から意識していたのは、現場でちゃんと使われるものにしようということでした。そこに〝ホークスらしさ〟という要素が加わってきた。こうなると自分たちだけで決めるわけにはいきませんよね。〝ホークスらしさ〟とは何なのか。王（貞治）会長を筆頭に、いろんな方たちから話を聞いて回る必要が出てきました」

藤熊も、当時を振り返り「まったく予想していなかった」と苦笑する。

単なる業務マニュアル策定プロジェクトだと思っていたものが、三笠の一言を機に、性質が大きく異なる仕事に変わろうとしていた。

ヒアリングの対象者はフロントと現場をまたいで十数人に上った。須山と藤熊は2カ月ほどかけて丹念に話を聞き出していった。

メインテーマは、ホークスらしい指導の仕方、ホークスらしい選手の育て方とはどんなものか、ということだ。それぞれが自身の体験を振り返りながら、ときに反省や自戒も交えて、ホークスが体現すべき指導・育成のあり方を口にした。

ヒアリングを主導した藤熊が言う。

「印象に残ったのは、この取り組みに対して王さんがすごく積極的に協力してくださったことですね。『主役は選手』『選手それぞれの長所を生かして主役になれる場面があるのが野球の良いところなんだ』と力強く語ってくださいました。そのほかの皆さんからも、球団への愛であったり、指導や育成に対する課題意識であったり、とても強い思いが伝わってきた。もちろん表現の仕方はそれぞれに異なるものの、根底にある思いはおおむね共通していることも見えてきました」

ヒアリング対象者から引き出した話を整理していくと、ホークスが体現すべき指導・育成のエッセンスは次の7項目に分類できた。

以下、いずれも主語は「ホークスの指導者・育成関係者」である。

①「主役は選手」との認識を持ち、選手の考えや個性、自主性を重んじる。

②一芸・長所を伸ばす育成を意識する。
③コミュニケーションを通して課題を引き出す「コーチング」を重視する。
④実戦機会を多くつくり、成功体験を得やすい環境を用意する。
⑤競争を通じて選手の成長を促す。
⑥自分の経験だけに頼らず、育成に携わる者として必要な知識を学び続ける。
⑦さまざまな知見を持つ部門が連携し、総動員で選手の成長を手助けする。

こうして三笠が求めた〝ホークスらしさ〟がいったん形となった。これをベースに、マニュアルの具体的な内容を規定するステップへと入っていく。

このとき須山は、前述の7項目について、それだけを切り出して発信することを思いついた。マニュアル策定の本線から派生した取り組みということになるが、例えば一枚絵の資料をつくれば、ホークスの育成に対する考え方をより分かりやすく発信できるのではないか、と考えたのだ。スクールの指導者や生徒、その保護者らに留まらず、野球の指導に関わる人たちに幅広く届いてほしいと考えた。

球団のブランド推進本部とマーケティング部門に協力を要請し、キャッチーで、分かりやすい表現を目指した。そうして出来上がったのが「ホークスメソッド七か条」だ。

【ホークスメソッド七か条】

ホークスが考える指導者の役割
「主役（選手）の意志を尊重し、一人ひとりに粘り強く寄り添う」

第一条　選手をよく「観」よう
第二条　「長所」を見つけ、伸ばすことを助けよう
第三条　「気づき」を与え、自ら考えることを促そう
第四条　小さな「成功体験」を重ねて、やる気を引き出そう
第五条　「競争」や「挑戦」を通じて、成長を加速させよう
第六条　過去の経験や知識にとらわれず、「学び」続けよう
第七条　周りと連携し、みんなで「育成」しよう

須山と藤熊は、もともとの課題だったマニュアル策定を着々と進めた。実技に関するパートでは、「12歳以下の子どもであれば遠投50m以上」といったように、目標とするべき姿を年代別に規定し、それを達成するための標準的な練習メニューや指導のポイントなどを数値とともに提示。また、スクール運営に関するマニュアルも整え、入退会や保護者対応、クラス運営など業務全般に関する統一的な指針と手順を示した。

プロジェクト開始から約9カ月後の23年3月、スクール事業のすべてについて明文化したマニュアルがついに完成した。育成に対するホークスの思いを詰め込んだ、120ページ超えの大作となった。須山らはこれを「ホークスメソッド」と命名した。

プロジェクト第2期へ

23年4月13日、福岡県営春日公園野球場——。

穏やかな春の日差しが降りそそぐグラウンドには、ホークスのユニフォームを着た子どもたちが集まっていた。ホークスのスクール事業に、小学5・6年生を対象とした上級者向けのクラス「アドバンストクラス」が新設されることとなり、この日、開校式が行われたのだ。

それに合わせて、「ホークスメソッド」を策定したことも発表した。メソッド本体は非公表としたが、球団の育成方針を文書化した狙いとともに「七か条」をメディアに公開した。

開校式には、メソッドの策定に協力的な姿勢を示してきた王も出席。マイクの前に立ち、子どもたちとその保護者、指導者らに向けて、こう語りかけた。

「今までのコーチは、直す、直す、直す。でも直すんじゃないんだ。伸ばす、伸ばす、伸ばす。教える側がそう思わないとダメだよね。クセを直すというのは難しい。むしろ、長所を伸ばすようにしたほうが結果的には近道なんじゃないかと思います」

「これまでプロ野球選手から子どもたちまでさまざまな指導に携わってきたなかで学んだ大切なことが、この『ホークスメソッド（七か条）』に含まれています。プロ・アマの垣根を越えて活用されることを願っています」

〝編集長〟として奔走してきた須山と〝伴走者〟を務めた藤熊。並んで王の話に耳を傾けながら、ほっと小さな息をついた。

これでプロジェクトは一区切り——となるはずだった。

「今回つくってくれた『ホークスメソッド』は〝アカデミー編〟としてスクールなどで活用していくとして、今度は〝プロ編〟の作成に取りかかってもらいたい。『七か条』など普遍的な部分は生かしながら、トップチームの育成とはどうあるべきか、球団内での意思統一ができるようなものをつくってほしい」

そう指示を出したのは、やはり三笠だ。23年初夏、4軍制とコーディネーター制の開始に伴う混乱や戸惑いがファームの各所で生まれていた頃のことだった。

須山は、三笠の意図をこう推し量る。

「4軍まで増えてコーディネーターも設けましたが、ちょっとうまくいかない部分が出てきていました。三笠には『ホークスメソッド』をテコに育成体制を立て直したい思いがあったのでしょう。本当はプロ編が先にあって、それをアカデミー編に落とし込むのがきれいな流れだと思いますが、行きがかり上、順番が逆になってしまった感じですね」

第2期となるプロジェクトでは、策定すべきマニュアルの性質が前期のものとは異なる。今回は、プロ選手を育成するファームが主な対象領域。さまざまな役割を担う育成関係者に球団としての明確な指針を示し、全員が一枚岩となって育成に取り組める状態をつくり出すことが目的だ。

当時のファームでは、階層の増加とコーディネーター職の新設により、どの役職のスタッフが、どこまでの仕事を担当するのかが曖昧になっていた。育成組織の全体構造や指揮命令系統を可視化したうえで、誰がどのような役割を担うのか、どこまでの権限と責任を有しているのかなどをはっきりと線引きすることが必要だった。中でも、コーディネーターの役割権限について明確な共通認識を醸成することが重要になる。

機械的に組織図を描くような作業ではなく、アカデミー編と同様、「ホークスの育成とはどうあるべきか」という理念を踏まえたマニュアルを目指した。

第2期に入るに当たり、プロジェクトの主体はスクールでの指導内容向上を所管する野球振興部から、プロ選手の育成を担う育成部に移行した。藤熊は引き続いて支援することとなった。

その藤熊は、アカデミー編の策定を進めている間に、自らの会社を立ち上げていた。それまでは個人事業主として経営コンサルティングに取り組んでいたが、思い入れの強いスポーツ領域で組織的に事業を展開すべく起業したのだ。「次の社会を共に創る伴走者に」との思いを込めてSHAPE Partnersと名づけた新会社には、22年8月の設立以後、志を同じくする人材が自然と集った。

その一人が、駒宮健大である。藤熊と同じく東大野球部の出身。3年時に学生コーチとなってからは戦術や采配に目を向け、学びを深めた。さらなる探究の道に未練を残しながらも、15年に東大大学院を修了後はコンサルティング業界に進む。

仕事に没頭して8年目に入った頃、ふと先輩の顔が頭に浮かんだ。駒宮は言う。

「藤熊さんは学年では私の8つ上に当たります。大学にいた時期はかぶっていませんが、就職活動中のOB訪問でお話をさせてもらう機会があって、そこで知り合いました。その後、私が働いていたコンサルティング会社に藤熊さんが転職してきて、同僚として過ごした時期もありました。同じ業界にいたこともあって、不思議な縁でつながり続けている先輩でした」

藤熊に久々に連絡しようと考えたのは、駒宮の心境に変化が起こり始めていたからだった。かつて封じた野球への思いが徐々に膨らみ始めていた。今後のキャリアについて相談に乗ってもらおうと考え、22年末、東京・表参道のバーで2人で会った。

駒宮はその場で初めて、藤熊が新会社を設立したという話を聞いた。しかも、野球を中心にスポーツ業界の案件を数多く手掛けていくという。

目の前に、進むべき道が思いがけず開かれた。

「そろそろ本格的に野球やスポーツに関わる仕事がしたい、と考えていたところにそんな話を聞かされて……。まさに運命だと思いました」

駒宮は、およそ3カ月後の23年春にはSHAPE Partnersに加わる。そして、ホークスで育成マニュアルのプロ編を策定する案件のチームリーダーとなった。

抽出された「本当に大切なこと」

プロジェクトチームは、あらためて育成関係者へのヒアリングを実施した。駒宮はこう振り返る。

「具体的な業務内容や育成システムの全体像を整理するために、ヒアリングにかなりの時間を使いました。2カ月ほどの間に20人以上の関係者から話を聞き、時間にして合計50時間以上に上ったかと思います。2軍監督だった小久保（裕紀）さんをはじめとするファームの指導者、それから当時アメリカにいた倉野（信次）さんにも、育成に対する考え方や実践していること、課題意識などについて詳細に聞きました」

そこから「エッセンスの抽出」「構造化」の順に進めた。いずれの段階でも、育成部とコンサルティングチームに三笠を交えた活発な議論を交わした。

「エッセンスの抽出」とは、ヒアリングで得た内容を基に課題を整理し、そのうえで「ホークスの育成にとって本当に大切なことは何か」を再確認していく作業だ。

ヒアリングで課題の一つとして浮かび上がったのが、「年功序列」「実績主義」の文化が一部に強く残っていることだった。

コーディネーター制の導入に伴い、育成組織の指揮命令系統に変化が生じた。それにより既存の上下関係が逆転するようなケースもあった。すると、そこでコミュニケーション不全が起きる。「現役時代に自分より実績を残していない人の指示には従いたくない」「アマチュア時代からの先輩に当たるような人には指図しづらい」といった不満ややりにくさが生まれる。

この課題に、プロジェクトチームと三笠たちは明確な結論を出した。

年功序列や実績主義が球界の慣習なのだとしても、それを守ることはチームが強くなることと無関係であり、改革を止める理由にはならない。旧来の慣習にとらわれず、育成組織が最も機能するにはどうしたらよいかという視点で、育成関係者の役割や権限を規定していくべきである――。

また、アカデミー編と同様に、このプロ編策定でも〝ホークスらしさ〟を省察《せいさつ》するプロセスを組み込んだ。駒宮が言う。

「三笠さんの要望もあり『どんな選手がホークスらしい選手といえるか』という質問を皆さんにしました。それに対する答えがおもしろいくらいに一致していたのが印象的でしたね。特に『長所を生かす』という趣旨の発言は、ヒアリングのたびに必ずといっていいほど出てきました」

長所を生かしてチームの勝利に貢献するのがホークスの選手。だから育成においても、短所を潰しにかかるより長所を伸ばすことを考えよう。そんな意識がホークスの育成関係者に浸透している。

それ以外にも、基本的なプレーをおろそかにしない「凡事徹底」、主力が真っ先に手本を示す「率先垂範」、たとえ不調時であってもファンに真摯に向き合って自らの言葉で発信する「ファン重視」の姿勢などの要素が抽出されていく。

こうした確認作業を積み重ね、足場を固めたうえで「構造化」のフェーズに入った。図表を駆使して、ホークス育成組織の全体像や各部門・業務の関係性、勝ち続けながら育てる仕組みなどを、誰が見ても分かるように可視化する作業だ。コンサルティングチームが素案をつくり、三笠たちの意見を聞いては修正を加える作業を繰り返しながら、最終形に落とし込んでいった。

プロ編の育成マニュアルが、徐々に形になっていく。微調整を重ね、24年1月に「ホークスメソッド・プロ編」の作成作業が完了した。球団内部に限定して公開し、育成関係者たちはさっそく〝虎の巻〟として活用し始めた。

「ホークスメソッド・プロ編」の正体

ホークスはこの「ホークスメソッド・プロ編」を対外的に発表していない。その全編を、球団からの許可を得て入手した。

全体で80ページ弱のボリュームで、一見するだけでも非常に緻密に書き込まれていることが分かる。

注目すべき内容を紹介していこう。

まず、1軍とファーム（2〜4軍）の位置づけに関する記述だ。それぞれ次のように定義している。

1軍＝10連覇のために〝勝ち続けながら育てる〟組織
ファーム＝1軍が勝ち続けるための戦力を育成する組織

1軍を単に〝勝ち続ける〟組織ではなく、〝勝ち続けながら育てる〟組織と表現している。ホークスは、ペナントレースで勝つことを最優先とする1軍もまた、一定の育成機能を備えていることが望ましいと考えているわけだ。その定義にのっとり、1軍の試合の全ポジションをレギュラーだけでガチガチに固めるのではなく、育成の意味合いも込めた若手有望株の起用を一部に織り交ぜている。

どの球団にも、程度の差こそあれ同じような認識はあるはずだが、こうしてマニュアルに明文化している球団は稀《まれ》だろう。駒宮が補足する。

「三笠さんとの議論の中で『勝ち続けながら育てる組織』を可視化するとどうなるんだろう、という話が出てきました。その話を受けて素案をつくり、さらに議論を重ねて、『1

軍における勝利と育成の両立』というページを設けました。若手選手を起用するということは、ともすればベストメンバーで戦わないという捉え方もできるわけで、私自身はこれをマニュアルに載せることには若干の躊躇《ちゅうちょ》がありました。でも、やはり三笠さんには『こうでなくては強いチームはつくれない』との信念があった。それでホークスメソッドの一部として明確に組み込むことになりました」

1軍での選手起用は1軍監督の権限だ。監督が代わるたびに起用方針も変わることが一般的で、球団としての一貫性は保ちにくい。だがホークスでは、球団としての考え方をマニュアルに明記したことで「1軍においても育成視点を兼ね備える」という方針を貫きやすくなった。

「軍の役割」についての記述も興味深い。

資料中には1軍を頂点とした三角形の図がたびたび登場するが、注目すべきは3軍と4軍の位置関係である。上下の階層で分かれているのではなく、2軍の下の層が縦線で区切られ、左が3軍、右が4軍と表現されている。

この図を起案したコンサルティングチームの駒宮が言う。

■ホークスの1軍から4軍の位置づけ

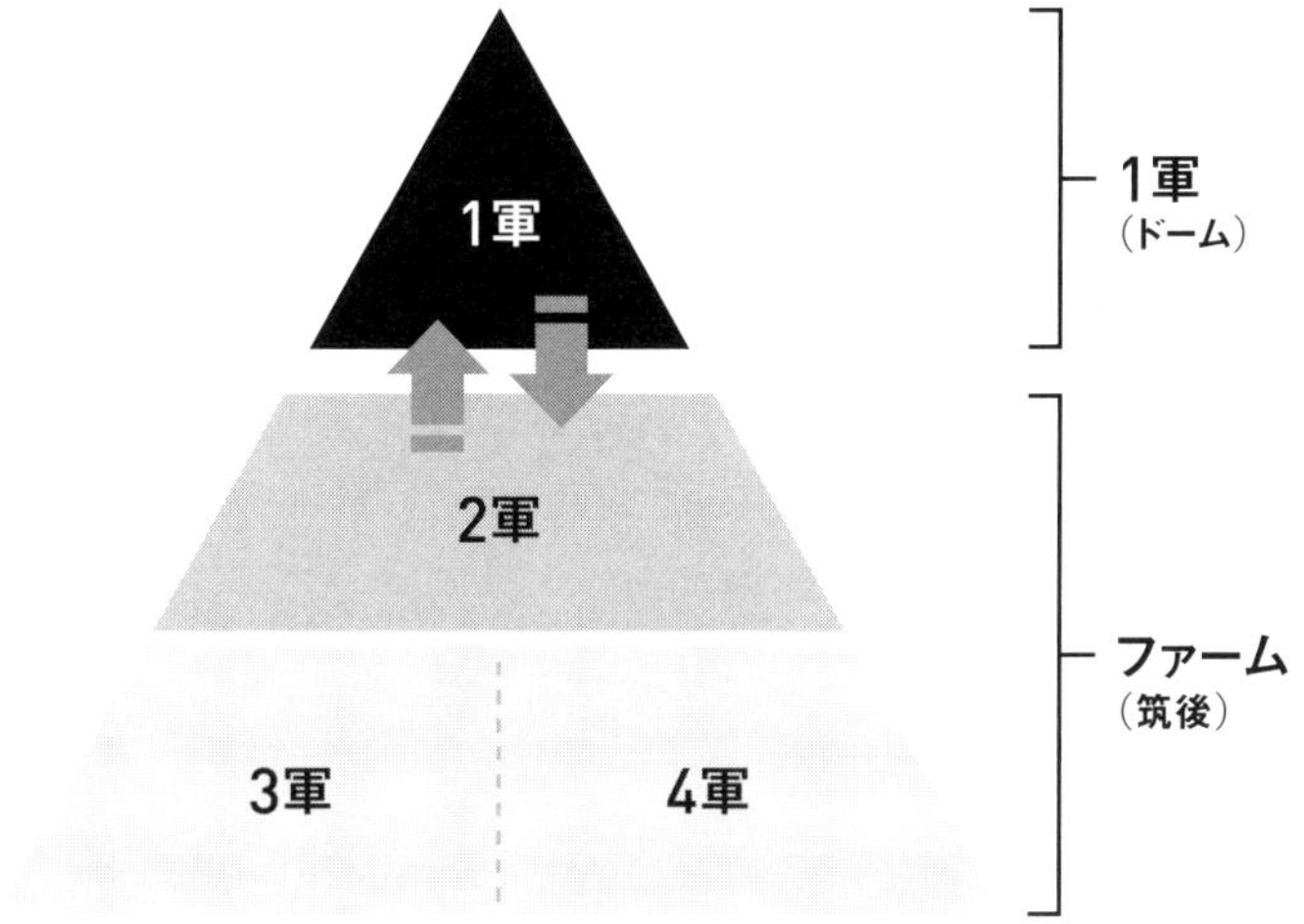

「育成関係者の話を聞いていくと、3軍と4軍を上下の関係として表現するのは違うのではないか、と感じるようになってきたんです。それぞれの軍に属している選手は、課題の種類が違う。『試合に出ることによって解決を図る課題』を持っているのが3軍の選手、『練習によって解決を図る課題』を持っているのが4軍の選手というイメージです。そこで3軍と4軍を左右に並べた図をつくり、提示しました」

駒宮としては、修正の指摘が入ることも想定した、やや踏み込んだ提案をしたつもりだった。ところが、その図を初めて目にした三笠は深くうなずいたという。

実はまったく同じことを球団は以前から考えていた。4軍制の創設に向けて準備を進めるなかで「4軍という呼称は本当に適切なのか」「『3軍A』『3軍B』のような表し方もあるのではないか」などといった議論が行われていたのだ。

三笠が内情を明かす。

「3軍を始めたばかりのとき、試合を申し込んだ相手から『(レベルが低そうな) 3軍とはやりたくない』と言われた経験もありましたので、本当に『4軍』でいいのか、ということは考えました。そういう対外的な視点だけではなくて、2軍も含めてもっとフラットな組織にしたい思いもあるんです。2軍のほうが能力が高く、能力の低い人が3軍や4軍にいるという認識だと、効率的な運営を阻害する可能性がある。例えば、あるベテラン選手に本当は3軍で調整してほしいのに、本人が3軍に行くことを嫌がる、だとかね。ですから、思いきって『2軍A』『2軍B』『2軍C』という呼び方にしてもいいくらいだと思っています」

ホークスの4軍制とは、「1軍↑2軍↑3軍↑4軍」という垂直型のヒエラルキーではない。2軍以下は役割の異なる3つのフィールドであり、その役割に合わせて選手が配置される、というイメージで捉えるべきなのだ。

ちなみに、各軍の役割はホークスメソッドの中に、次のように明記されている。

1軍＝チームとしての「最強の追求」、トップレベルの試合で成長を促す場
2軍＝1軍戦力選手の調整場所、より高いレベルの試合で成長を促す場
3軍＝試合経験を通じて成長を促す場
4軍＝練習での課題克服、体力強化の場

基本的にはコーディネーターが、各選手の育成方針や課題を踏まえたうえで迅速かつ柔軟に軍配置を行う。

必ずしも実力順でないのは既に述べた通りだ。ドラフト1位で24年に入団した前田悠伍を最初は4軍に配置したように、たとえ球団からの期待値や評価が高くとも、コーディネーターの差配や育成プランによって意図的に数字が大きい軍に置かれることも十分にありうる。

すべての選手に機会が均等に与えられるわけではない、ということもまた事実だ。ファームの選手は「プロスペクト」「A」「B」「C」といった育成ランクに振り分けられる。

例えば2軍昇格の枠が1つしかないときには、球団は育成ランクが高いほうの選手に、優先的に昇格のチャンスを与える。

もう一つ触れておきたいのは、コーディネーターに関する記述だ。コーディネーターの主な役割には「軍配置決定」のほか「指導内容決定」と「指導内容の統一」がある。これに伴って不可欠となるのが現場スタッフの役割権限との線引きだ。「ホークスメソッド・プロ編」の肝となる部分である。

議論の結果、フロント（主に育成部）からコーディネーター、コーディネーターから現場の各部門へと指導・育成の方針が伝わり、最終的には各部門がその方針に従って選手への具体的な指導や支援を行う、という指揮系統を明確にした。進捗状況の報告などは逆のルートで行う。

ここで大事なのは監督（2～4軍の軍監督）との関係性だ。第1章でも触れたように、監督もコーディネーターが示す方針に従う立場にある。コーチや各部門と同列の扱いだ。組織内の序列としてコーディネーターが軍監督より上位であると明確に規定しているわけではないものの、少なくとも指揮命令系統においてはコーディネーターの権限のほうが強い、ということをはっきりと示している。

筆者の手元にある「ホークスメソッド・プロ編」は、24年1月に定められた「バージョン1・0」だ。球団はこれが最終形だとは考えていない。組織体制の変更や外部環境の変化などに合わせて随時アップデートしていく。

セカンドキャリアも支援

ホークスメソッドのアカデミー編は野球振興部が作成を主導し、プロ編に関しては育成部に担当が移った。それに伴い須山から〝編集長〟のバトンを受け取ったのが、育成部の宮本泰成だ。

宮本は、プロ編を球団内部限定で公開してから、ファームで確かな変化が起きつつあると明かす。

「コーディネーター制の初年度に当たる23年の段階では、選手の軍配置を軍監督やコーチが話し合って決めていたところもありました。でもプロ編が完成して迎えた24年は、そこに書かれている通りに、コーディネーターが決めるという前提で皆さんが動いてくれた。そこは明確に変わってきた部分ですし、プロ編がコーディネーター制の確立に寄与したことは間違いないと思います」

宮本にとってプロ編の策定は、入団してからの最初の大仕事といってもよいものだった。本田技研工業（ホンダ）の社員からホークスの一員に転じたのは23年3月。それから3カ月とたたないうちに、育成部に回ってきたプロジェクトを担当することになった。

東京生まれの生粋の野球少年だった宮本。選手の道は中学で途絶えたが、野球が持つ魅力は心根まで染みわたり、大人になっても消え去ることがなかった。

「いつか野球に関わる仕事がしたい。そんな気持ちをずっと持ち続けていました。学生のときも野球の世界に進みたいと考えはしましたが、求人がまったくないと知って、あきらめざるを得ませんでした」

ホンダに入社後、営業職を続けて10年がたとうとしていた頃、父がこの世を去った。「人生は短い。やりたいことをやろう」。宮本は球界で職を得る未来を描きながら、決然と新たな行動を起こすようになった。

まず自ら手を挙げ、人事部門に異動した。人を育てるスキルは球団の中でも生きるかもしれないと考えたからだ。さらに人脈を広げる狙いもあって、仕事のかたわら早稲田大学の大学院に通いスポーツマネジメントを専攻。憧れの舞台に接近していく。

ただ、肝心の求人がない。球界に特化した人材紹介サービスに登録はしておいたものの、音沙汰がないまま数年が過ぎた。

「ホークスが人を探している。興味はありますか」

そんな連絡を受け取ったのは、人事部に移って5年目のことだ。育成に関する仕事だと聞き、「自分のための求人だと思った」（宮本）。一切の迷いなく面接に臨み、千載一遇のチャンスをつかみ取った。

転職早々に「ホークスメソッド・プロ編」のプロジェクトを託されたのは、宮本にとっては幸運だったのかもしれない。

「まだ（球団業務の）全体像をつかめていませんでしたからね。メソッドをつくる過程でいろんな方の話を聞いて、皆さんがどういう思いを持って、どんな仕事をしているのか、かなりクリアになりました。フロントと現場の対立みたいなものも多少はあるのかなと思っていたのですが、そんなことはまったくなくて。むしろ、自分の専門領域以外のことも含めて自由闊達に意見できる組織なんだなと感じました」

自身の強みを発揮できそうな道筋も見えてきた。現役を退くこととなった選手たちのセカンドキャリア支援だ。

ホークスはセカンドキャリア支援を重要な仕事と位置づけている。獲得する選手が多いぶん、志半ばで去らねばならない選手も多い。そこへのケアを怠っていては社会的責任を果たせないと球団は考えている。

セカンドキャリア支援を職務の一つとするチーム戦略室の室長、小山亮が言う。

「選手もソフトバンクグループの一員であるという認識のもと、次の世界で成功する機会を用意するのも僕たちの大切な役割です。選手を送り出すアマチュア球界からの信頼を得るためにも大事なことですよね。実績が十分にあって自力で食べていける選手や、他球団から声がかかる選手は一定数いますが、そうではない選手たちに対してコミュニケーションを継続していきます」

どのような業種・職種に興味があるのか。希望する地域はどこか。ヒアリングを行ったうえで、可能な限り意向に沿う仕事を紹介する。

希望として最も多いのは、やはり野球に関係する仕事だ。打撃投手やブルペン捕手、その他のチームスタッフ、アナリストやスカウト、アカデミー（スクール）のコーチなど〝転職先〟はさまざまだ。球団のビジネス側やソフトバンクのグループ企業に進むという選択肢もあれば、希望者に対してグループ外の企業を紹介することもある。

小山は言う。

「セカンドキャリアの受け皿になりたいと手を挙げてくださる企業もいますし、それ以外にもいろんな選択肢を提示できる状態にしてあります。本人に対しては、やりたいことがあるというならもちろん背中を押す。そのために必要な準備も手伝いますよ。『面接にはちゃんとスーツで行くんだぞ』とアドバイスしたり。就職したあとに『どうだ？』って連絡することもありますね」

引退後も「育成」は続く

さらにホークスは、セカンドキャリアのアジアへの広がりも視野に入れる。そこで検討しているのが、日本の野球文化を海外、特にアジア地域に普及させる活動を展開する一般社団法人NB・ACADEMYとの連携だ。

NB・ACADEMYは、24年12月にはインドネシアのジャカルタで現地の8チーム（参加資格は14〜18歳）が優勝を争う「第1回アジア甲子園大会」を開催した実績がある。今後は東南アジアを中心に、現地の子どもたちに野球を教える「アジア版野球アカデミー」を開設する構想を掲げる。

ホークスとNB・ACADEMYの代表理事、柴田章吾をつないだのは、「ホークスメソッド・プロ編」の策定に関わったコンサルティングチームの駒宮だ。駒宮は、育成選手としてジャイアンツでプレーした経験を持つ柴田と以前から付き合いがあり、アジア地域に野球文化を広める活動をサポートしていた。

ホークスメソッド・プロ編の〝編集長〟を務めた宮本は、アジアを視野に入れる狙いをこう説明する。

「もしかしたら、ホークスの選手が現役を引退したあと、インドネシアなどのアジアの国でコーチになるという道が開けるかもしれませんよね。指導者としてはもちろんですし、さまざまな社会経験を積みながら人間的に大きく成長できたり、運営に関わることで言語も含めたビジネススキルの習得につながったりする可能性もあると感じています」

球団にとっては、セカンドキャリアの受け皿が増えるだけでなく、海外における野球振興や市場拡大につながるメリットもあるだろう。NB・ACADEMY側にとっても、元プロ野球選手が質の高い指導をしてくれるとなれば、競技力と人気の両面でポジティブな効果を期待できる。

24年12月、宮本は須山とともにインドネシアに飛んで、第1回アジア甲子園大会を視察した。今後さらに協議を重ね、連携の検討を進めていく。

セカンドキャリア支援の中心は職探しを手伝うことだが、それとは別に、ホークスが運営するアカデミーのコーチとして球団に残った人材への継続的なサポートも行っている。

宮本が自身の強みを発揮できると考えているのは、まさにこの領域だ。まだホンダに在籍していた頃、こんなこともあろうかとキャリアコンサルタントの資格を取得していた。

宮本は言う。

「選手である間は野球に打ち込んでいるので、戦力外になったときに、自分が何をやりたいのか、これからどんなキャリアを歩んでいくべきかというビジョンを持っていない人や、ひとまずアカデミーでコーチをやりながら次のことを考えよう、という人が少なくないです。そこで今、彼らのキャリアカウンセリングを試験的に始めています。高卒で指名されて入団した元選手などはまだ20代前半のことが多い。その年齢なら自分がやりたいことを見つけて、いくらでも就職活動に挑戦したりできるはずですが、現状ではそれができていない。私なりに手助けしたいと思っています」

アカデミーコーチのその先のキャリアがより充実したものとなるよう願っているのは、

須山も同じだ。若くして指導者の道に入った元選手たちを、父親のような目で見守る。

「今は野球振興の名のもとに子どもたちの育成に関わっていますが、個人的にはもっと広い意味での育成に挑戦していきたいと思っています」

広い意味での育成とはどんなことを指すのか。須山は続ける。

「思い描いている構想があるんです。引退した選手をまずアカデミーのコーチにして、教えることの難しさを知ってもらう。野球を教えるとはどういうことかを学んだうえで、良い指導者と認められるようになったら上の年代のチーム、さらにプロのチームの指導者へとステップアップしていく。そんな構想です。現役引退後すぐにコーチになるケースが野球界には多いですが、自分がうまくなるのと、誰かをうまくさせるのはまったく別のスキル。将来的には、引退後に指導者としての学びの機会を得られるような仕組みを球団の中につくっていくべきだと考えています」

それは「指導者育成部」といった名称の新しいセクションを立ち上げるようなイメージだろうか。よくよく考えてみれば、それに類するものがないことが不思議であるような気もしてくる。

グッドコーチの育成はグッドプレーヤーの育成につながる。そして、プレーヤーとしての役目を終えた人がコーチとして再び歩み始める――。

選手と指導者にまたがる育成サイクルが完成したとき、一過性でない本物の強さがホークスに宿るのだろう。

第5章

イズムの継承者たち

監督・王貞治の実像

一連の改革を進めながら、ホークスは組織の強靭《きょうじん》さを高めてきた。

育成組織は厚みを増し、コーディネーター制の確立をはじめとする制度面の整備も進んだ。またデータを活用した新施策を次々と編み出したことで、今後はスカウティングの精度向上や、選手の競技パフォーマンスのさらなる向上が期待できる。厳しい競争を勝ち抜いた逞《たくま》しい選手たちが、これからも1軍の舞台にどんどん頭角を現してくるだろう。

だが、GMとしてフロントを率いる三笠杉彦が満足することはない。手を緩めればたちまち改革は遅滞し、他球団に追い抜かれる。そのことは、日本シリーズ4連覇の翌年から3年連続で優勝を逃した2021～23年に学習済みだ。

ホークスが追い求めるのは、世界一。そこに至る道筋として国内10連覇の目標を掲げてもいる。圧倒的かつ永続的な強さを志向している。

それを手にするために必要なピースとして三笠が目をつけたのが〝魂〟である。企業経営でいうところのMVV（ミッション・ビジョン・バリュー）やパーパスに当たるものだ。

ホークスが核とするべき魂とは〝王イズム〟をおいてほかにない。ダイエー時代に10年、ソフトバンク体制下で4年。計14年にわたり指揮を執った王貞治の教えを継承するために、三笠は19年頃から動き始めていた。

継承者として白羽の矢を立てたのは、小久保裕紀と城島健司。ともに王のもとで若い時代を過ごし、薫陶を受けた2人だ。

彼らに〝王イズム〟の継承を託すことは、10数年にわたり続けてきた改革のひとまずの総仕上げであり、未来に向けて今やっておかねばならないことでもあった。

〝王イズム〟とはどんなものなのか。そして、小久保と城島にどのような影響を与えてきたのか。まずはそこから明らかにしていこう。

王が根本陸夫の説得に応じ、福岡ダイエーホークスの監督に就任したのは1995年。のちに常勝と呼ばれるほどの強さの基盤が形づくられていくが、しばらくの間、チームは苦境のさなかにあった。

〝生卵事件〟が起きたのは、まさにこの頃である。

96年5月9日。パ・リーグ最下位に沈んでいたホークスはこの日、近鉄バファローズに敗れて4連敗を喫する。勝率はついに3割を切った。

試合が行われた大阪市の日本生命球場には、南海時代からのホークスファンも多く来場していた。その一部がかつての地元球団の不甲斐《ふがい》なさに業を煮やし、暴挙に出た。試合後、王や選手たちが乗り込むバスを取り囲み、数十個の生卵を投げつけたのだ。

フロントガラスが黄身と白身まみれになったバスは、群衆をかき分けるようにしてのろのろと進む。車外の喧騒《けんそう》とは対照的に、車内は静まり返っていた。

ようやく宿舎ホテルにたどり着くと、すぐにミーティングが開かれた。

ファンの行為に怒り、あるいは屈辱を感じていた選手たちがほとんどだった。感情の矛先はファンのほうに向いていた。

だが王は違った。こう言い放ったのだ。

「卵をぶつけられるような野球をやってるのは俺たち。悔しいけど受け止めなきゃいけない。ああいうふうに怒ってくれる人たちが本当のファンなんだ。勝って、彼らを喜ばせてやろうじゃないか」

その場に居合わせた選手たちは、動揺を見せない王の姿に驚き、リーダーとしての潔さとプロ意識が凝縮されたメッセージに感銘を受けた。以後、このミーティングは〝王イズム〟の象徴的な場面として語り継がれていく。

福岡へとやってきた王の薫陶を受けた選手は数多いが、とりわけ強固な師弟関係を結んだのが小久保だった。

王が監督に就任したのは、小久保が入団して2年目のこと。打球を遠くに飛ばすことに長《た》けた若き強打者に王は期待を寄せ、やがて打線の中軸を託すようになる。小久保もまた、その思いに応えようと、王の鋭い視線の先で懸命にバットを振り続けた。

齢《よわい》80を超えた今では温厚な印象が強い王だが、チームを指揮していた往時は血気盛んで、「闘将」と表現するにふさわしい監督だった。

小久保が懐かしそうに言う。

「激しかったですよ。試合に入り込むっていうんですかね。ベンチで指揮を執りながら、一球一球、タイミングを計るみたいに体が動く。バッテリーエラーで転がってきたボールを自分で拾いにいこうとしたこともありました。ヘッドコーチに後ろから止められてましたけどね（笑）。それぐらい野球が好きで、入り込めたからこそ、あれほどの数字を残されたんじゃないでしょうか」

令和の今なお破られる気配のない、通算868本塁打の世界記録。その金字塔を打ち立てた野球への情熱は衰えを知らず、それどころか弱小だったホークスの指導者に転じたことで勝利への渇望はいっそう増したようだった。選手のプレーに気力や執念が欠けていると感じれば、たとえ試合中でもかまわず怒鳴りつけた。

その姿は、王ホークスで主力捕手を務めた城島の目にも焼きついている。

雷雨のち晴天

豪快な笑いを交えながら、城島は言う。

「戦の大将って、上から全体を見わたしながら駒を動かすのが普通ですよね。『城島、こっち行け！』『小久保、あっち空いてるぞ！』と。王さんは全然そういう感じじゃなくて、いちばん最前線。誰よりも先頭を行く武将っておらんやないですか。（そういうキャラは）だいたいやられますもんね（笑）。でも王さんは行くから、俺らも行かないかん。そんな感じでしたよ、当時は」

自ら戦場に斬り込むような将だからこそ、兵士にも武勇を求めた。

特に、成長途上の城島には容赦ない指導を繰り返したが、負けん気の強い若者はやられっぱなしで終わらない。世界の王と激しくやり合った。

ある試合では、選手交代の指示を発端として一触即発の事態に発展した。城島が言う。

「あのとき僕は膝を痛めていて、そもそも試合に出られるような状態じゃなかった。それでもピッチャーのリクエストがあったから痛み止めの注射を打って試合に出たんですけど、何点か取られてバッテリー同時に交代になったんです。僕には（交代させられたことへの）怒りもなかったし、むしろ『ああ、やっと終わった』って思ってたら……」

王の目には、城島が途中交代の指示を不服としているように映ったらしい。鬼の形相を見せる指揮官と理不尽な叱責に遭った捕手は、互いにつかみかからんばかりの勢いで対峙した。

真実はどうあれ、はた目からは、選手が監督に反旗を翻したようにしか見えなかった。普通に考えれば2軍降格などのペナルティーは免れない。試合が終わると、案の定、王に呼び出された。

腹の虫がおさまっていなかった城島は、第2ラウンドのリングに上がるつもりで監督室に向かう。ところが、王はすっかり落ち着きを取り戻した様子で言った。

「今回はこんなことになってしまったけども……ファンの人たちも待ってくれているわけだし、ジョー、明日も試合に出なさい。それで済むことだから」

当時は狐《きつね》につままれたような気持ちで部屋を出たが、今なら分かる。城島は言う。

「言われた通り、僕、次の試合に出ましたよ。また痛み止めを打ってね。それで何もなかったことになった。そうさせてくれたのも王さんの人間力っていうんですかね。もし僕をファームにやったりしたら、僕のことがメディアに悪く書かれたりファンにも悪く伝わったり。チーム内で誤解が広まってしまっていたかもしれない。そうなったら僕が困るだろって、将来のことまで考えてくれてたんだと思うんですよ。すごい懐が広いっていうか、そこまで見てくれていたことにはめちゃくちゃ感謝してますね」

こうした〝雷雨のち晴天〟のエピソードは、王のもとで戦ったOBの多くが各所で証言している。苛烈なのに求心力を保てたのは、叱ったあとの切り替えがうまかったからだ。

球場からの帰り間際、あるいは翌日の球場入りで顔を合わせれば、たとえ説教したばかりの選手が相手でも屈託のない挨拶を交わした。普段通りの穏やかな声が耳に届いた瞬間、選手の側に残っていた怒りや気まずさは魔法のように中和されてしまう。「(激しい感情は)ユニフォームと一緒に置いていくんでしょうね」と城島は笑う。憎しみを抱くことを忘れさせるほどのギャップの大きさは不思議な魅力と化し、接した人々を引き寄せていくのだった。

いうなればホークスの〝親父〟だった王は、自分が「勝ちたい」だけでなく、選手に「勝たせてやりたい」という強いモチベーションを持っていた。ジャイアンツV9（65〜73年の9年連続日本一）の中心選手が長年優勝から遠ざかるチームの監督に転じるという稀有《けう》なコースをたどった結果、その父性は高まったのだろう。小久保が言う。

「お前らにあの優勝の味を味わわせてやりたいって、最初それしか言わなかった。勝ちの喜びというのは本当にいいものなんだ、それをお前たちに教えたいんだ、と。そういう志がぶれなかった」

王の言葉に、秋山幸二や工藤公康、石毛宏典などの強いライオンズから加わった選手たちは共鳴し、小久保、城島をはじめとするフレッシュな選手たちは素直に夢を見た。「王さんの思いを受け止めた選手が一つのポジションに入り、また別のポジションにも入り、そうやってどんどん増えてきた」（城島）。Bクラスしか知らない古株の選手の中には額面通り受け取れなかった者もいて当然だったが、やがて少数派となり、最後には左右から挟まれたオセロの石のようにひっくり返った。

そして実際に勝ち始めるに伴って、〝王イズム〟はホークスの土壌深くまで浸透した。

小久保裕紀にとっての〝王イズム〟

ただ、その定義が明文化されているわけではない。

「あなたにとって〝王イズム〟とは？」の問いに、小久保は間髪を入れずにこう答えた。

「10人に聞けば10通りの答えが返ってくると思いますよ。僕にとっては『主力が手本になる』。それに尽きます」

手本の示し方にもいろいろあるが、小久保が何よりたたき込まれたのは「試合に出続ける」ということだった。

「ご自身が現役だった頃のことをよく話していましたよね。仮にオープン戦であっても、その日しか長嶋（茂雄）さん、王さんを見にこられないファンがいるかもしれない。そう考えたら休むわけにはいかないだろって」

主力が試合に出続けることには、いくつかの意味がある。

一つは王が言うように、ファンに対する責務を果たすため。また、選手にとっては自身の価値を高めるために必要なことでもある。さらにいうなら、チームのためだ。主力が常に先頭に立ち、その背中を示し続けることは、あとに続く選手たちを鼓舞することにもなるからだ。

ジャイアンツでの現役時代、それをまっとうしてきた王の言葉には説得力があった。だから、よほどのけがでない限り、小久保も休まなかった。実働18年のうち11年でシーズン120試合以上に出場。37歳で迎えた2009年のシーズンには、チーム最年長ながら自身3度目の全試合出場を達成した。

王のもとで計10年プレーした。その間、恩師の教えを骨の髄まで染みわたらせた小久保だったが、イズムの継承役を担うまでにはしばらくの期間を挟むこととなる。

小久保は12年のシーズン限りで現役を引退し、野球解説者として新たなスタートを切った。

だが、勝負と切り離された平穏な世界に身を置いた時間は短い。13年10月、野球日本代表〝侍ジャパン〟の監督に就任したのだ。国民の大きな期待を背負って、第1回WBSCプレミア12（15年11月）、第4回WBC（17年3月）と2度の国際大会に参加。いずれも準決勝敗退という結果に終わり、WBCの直後、契約満了により監督を退任した。

再び野球のユニフォームに袖を通すのは、およそ4年後のことである。21年、1軍ヘッドコーチとしてホークスに復帰した。

小久保を呼び寄せたのはGMの三笠だった。小久保の復帰会見に同席した際、その理由をこう述べている。

「(20年の) 4年連続日本一はもちろん選手の頑張りのおかげですが、それだけではなく、ここまで強いホークスをつくってきてくれた方々がいたから、この結果があると考えています。中長期的に強いホークスを目指すには、(これまでの歴史を) つくってきた方に戻ってきていただき、これからの歴史を一緒につくっていくほうがいい」

〝王イズム〟という言葉を使うことはなかったが、永続的な強さを手に入れるために必要なピースとしてこのとき既に歴史の継承に着目し、その役目を小久保に求めていたことがうかがえる。

ホークスの指導者として歩み始めた小久保は、早々に困難に直面する。チームに合流するなり、違和感を覚えずにはいられなかった。その原因を一言でいえば、選手の気の緩みだ。復帰前の出来事として、チーム関係者から小久保はこんな話も聞いた。

「代打を命じられた選手が出場を拒むことがあった」

そんな事態が起きていたと知り「愕然《がくぜん》としました」と小久保は言う。

「僕だって現役最終年は、半分は控えでした。それでもキャプテンだったし、開幕の日には控えの選手だけを集めてミーティングをしたんです。『いくら監督でも代打のタイミングをピンポイントで予測するのは難しい。だから、いつ呼ばれてもいいように準備しとこう。準備が間に合いませんでしたという言い訳だけはしないようにしような』と。それと比べたら、完全に逆ですよね。一般の企業で、社員が特別の事情もないのに『出張に行くのは嫌です』と言うようなもの。それが許される空気になっていたということに危機感を覚えました」

監督就任7年目の工藤から野手部門を一任されていた小久保は、厳格な姿勢で引き締めを図る。しかし、自らが「総スカンを食らっていた」と振り返るように、選手との距離の取り方に苦しんだ。

「選手からすると、監督が2人いるような感じがしていたそうです。そこは僕の反省点。工藤さんから『野手のことは任せるよ』と言われてましたけど、当然ながら最終的な決定権を持っているわけではなかった。それなのに、僕が全部決めているように思っていた人もいたみたいで。もうちょっと〝副社長〟らしくしておけばよかったなと思いますね」

そして、屈託のない笑顔とともにこう言い添えた。

「参謀には向いてないなと思いました」

当時のチームを率いていた工藤は、「監督は選手を後押しする存在である」との考えのもと、選手の主体性を重んじるマネジメント手法を取っていた。それは4年連続日本シリーズ優勝という快挙につながった一方で、選手の声を大きくした側面もあったのだろう。そこに小久保はやってきたのだ。「選手たちの意見が強すぎる」と即座に感じたのも当然かもしれない。

1軍ヘッドコーチ就任時は次期監督候補の一番手と目されていた小久保だが、22年、工藤の後任として1軍の指揮を託されたのは藤本博史だった。小久保は2軍監督に就任した。舞台は筑後に移ったが、ファームのトップの地位に就き、しっくり〝はまった〟感覚があった。適材適所というべきか、この男の肩書に「副」はないほうがいいようだ。

ここでもまずは規律を重んじ、組織の秩序を整えることに力を注いだ。2年目の23年に4軍制とコーディネーター制がスタート。フロントの方針に理解を示しつつ、若い力の育成に汗を流した。

厳しさと優しさ

2軍監督を2年務めたのち、24年に満を持して1軍監督に就任した。

いつかはホークスの監督になることは、多くの人が――おそらくは小久保自身も――予想していたことだっただろう。避けがたい宿命といってもいい。

その理由の一つは、小久保が生まれながらのリーダーだからだ。

野球を始めた小学生の頃から、所属したチームでは例外なくキャプテンになった。ホークス入団2年目には、ライオンズでキャプテン経験のある石毛から「将来、間違いなくリーダーとして周りを引っ張ることになる」と見抜かれ、移籍先のジャイアンツでも、生え抜きではない〝外様〟の選手としては球団史上初めてのキャプテンに就任した。

年齢や境遇などに関係なくキャプテンシーを発露し、周りから押し上げられるようにして、いつの間にか先頭に立っている。そんなタイプに合致する小久保が、現役引退後に指導者になる、特に「監督」というポジションに就くのは極めて自然なことだった。

先天的な資質に加え、学習意欲も旺盛だ。現役時代から大の読書家で、近年はリーダー論や組織論に関する書物を読みあさる。それだけでは飽き足らず、興味を引かれた本の著者がセミナーに登壇すると聞けば一般人に交じって出席するなど、トップに立つ者として必要な見識に磨きをかけてきた。

1軍監督就任に当たっては、三笠から「〝王イズム〟を継承してほしい」とあらためて依頼された。

小久保は自身が考える〝王イズム〟——主力が手本になる野球を志したマネジメントに取り組んだ。それが最も分かりやすく表れているのは、柳田悠岐、山川穂高、近藤健介という3人の主軸打者の起用方針だろう。

24年の開幕戦では3番・柳田、4番・山川、5番・近藤と3人をクリーンアップに並べ、「今年のホークス」の陣形を明確に示した。柳田は6月に右太もも裏を、近藤は9月半ばに右足首を負傷して戦線離脱を余儀なくされたが、山川については全試合4番でのスタメン起用を貫いた。山川は6月に月間打率1割8分2厘、本塁打0本と不振にあえぐこともあったが、決して休ませなかった。

小久保は現役時代、打撃不振に陥って「4番を外してください」と王に直訴したことがある。だが王は決して首を縦に振らなかった。幸いにもチーム自体は好調。「周りの支えがある間に乗り越えよ。そしてその背中を皆に示せ」とのメッセージに違いなかった。それとまったく同じことを、小久保は山川に求めたのだ。

規律にうるさく、主力には試合に出続けることを要求する。それゆえに小久保は厳格な印象を持たれやすい。

その一方で、〝選手ファースト〟を重視する指揮官でもある。選手ファーストとは文字通り「選手のことを第一に考える」という意味だが、解釈には個人差がある。選手の希望をどこまで受け入れるのか。選手にどこまでの自由を与えるのか。ラインの引き方は人それぞれだ。

この点について、小久保は持論をこう述べる。

「僕なりの定義がありますね。選手がやりたいようにやれるのが選手ファーストじゃない。こちらが選手のために良いと思うことを、議論を尽くして提供するのが選手ファーストだと思っています。僕の考えでは、組織はトップを頂点にした三角形でないとおかしくなる。その三角形が崩れないようなことなら、選手の希望はどんどん聞いてやりますよ。でも、組織としてのルールや、作戦面のことで（選手に）いちいちお伺いを立てることはありません。なぜなら、勝敗の責任を負えるのは僕だけであって、彼らは構造的にその責任を負えないからです」

組織論を語り出した小久保の口調は熱を帯びた。

「選手ファーストというのは、首脳陣やスタッフ、フロントが使う言葉なんです。新しい取り組みについて議論しているとき、僕はよく『それって本当に選手のためになってますか?』と聞きます。意外と『選手のため』が第一になってない、ということは起こりうる。例えば、どうしても自分の保身が先に立ったりすることもあるんですよ。みんな生活があるわけだし、仕方ない部分もあるけど、それが最初に来たらいけないですよね。そういうド正論を言うから僕は嫌われる(笑)。それはさておき、選手ファーストを突き詰めていくと、こちら側は結構きついです。でもそれが本来のあるべき姿であり、本当の選手ファーストだと思っています」

2軍監督時代にR&D重視の姿勢を打ち出した裏にも、選手ファーストの意識があったという。

「僕もプロとしてやってきた人間なので、R&Dの話を聞いて、そのすべてに納得がいくわけじゃない。『そこは違うやろ』と思うこともあります。でも、僕には合わないというだけで、ほかの選手には合うかもしれないじゃないですか。なのに、もし現場のリーダーが主観で『あんなもの要らない』『やめとけ』と言ってしまったら、その時点で全部おじゃんになる。そうやって我を押し通すのは選手ファーストじゃないですよね。育成選手が50人以上もいるチームですよ。這《は》い上がるためなら何でも使ったほうがいいに決まってる。1人でも2人でも（R&Dからの助言が）合う可能性がある以上は、『まずやってみよう』という方向に舵《かじ》を切るのがリーダーとしては大事なんじゃないかと思いますね」

1軍監督になってからも、選手起用に優しさを忍ばせることがあった。例えば、佐藤直樹と笹川吉康の野手2人の起用に注目してみよう。

佐藤はJR西日本からドラフト1位で20年に入団。23年オフの〝育成落ち〟を経て、24年6月1日に支配下に復帰した。同日のカープ戦で即スタメン起用されると、1安打1盗塁の活躍を見せた。

また横浜商業高校からドラフト2位で21年に入団した笹川は、体格に恵まれた次世代の大砲候補だ。6月12日のスワローズ戦で1軍デビュー。同15日の阪神タイガース戦で初本塁打を放っている。

小久保が起用の裏側を明かす。

「佐藤はいきなりスタメンで使いましたけど、あの試合が広島戦。笹川がホームランを打ったのは阪神戦ですよね。要はどっちも交流戦だったんです。やっぱり1軍で出たてのときっていうのはどうしても〝ユニフォーム負け〟する。これは自分の経験ですけど、初めてオールスターに出たとき、セ・リーグのチームのユニフォームを見た瞬間に緊張しまくりました。だから、最初はユニフォームを見慣れたチームとの対戦から使ってあげられたらいいかな、と。佐藤にしても笹川にしても、広島、阪神とは2軍のウエスタン・リーグでずっとやってきてますからね」

全員に同じようなことができるわけではない。だが、タイミングさえ合えば、そういった配慮もしてやりたい。そんなふうに心を配るのもまた、選手ファーストの一端といえる。

監督1年目の24年は、リーグ3連覇中だったバファローズを仰ぎ見る挑戦者として走り始め、早い時期に独走態勢に入った。シーズン終盤の苦戦があってなお、貯金42という圧倒的戦績でゴールテープを切り、CSも順調に突破した。

しかしながら、日本シリーズでは敗退。日本一の称号を逃し、優勝監督の表情には悔いのほうが強くにじむ。

小久保は言った。

「来年（25年）はまた全然違うシーズンになると思いますから、まったくのリセットですね。ただ、そのときどきで下すべき決断を先送りしないようにはします。それが監督の仕事なので」

〝王イズム〟の継承を託された令和のリーダー。パ・リーグのディフェンディングチャンピオンとして、2年目のシーズンに敢然と踏み出していく。

城島健司、運命の人とともに

1軍のトップに小久保を据えた三笠は、もう一人の重要人物もついに口説き落とした。城島健司だ。25年1月にホークスが新設したチーフベースボールオフィサー（CBO）に就任。GMと並ぶフロントのトップとして重責を担う。

〝王イズム〟の継承を託すなら、彼以上の適任者はなかなか思いつかない。強い絆で結ばれた王と城島、その師弟の物語をまずはたどっていこう。

1980年秋、長崎県佐世保市に暮らす4歳男児は、後楽園球場の左打席にバットを置く背番号1の引退セレモニーをテレビ画面の向こうに見て、漠然とした憧れを抱き始める。それから11年後、坊主頭の中学3年生は地元で開かれた野球教室に参加し、講師役の王から直接の指導を受けた。立派な体格をした青年に将来性の高さを感じ取った王は「練習をいっぱい積んでジャイアンツに入りなさい」と言い残した。

その気になった城島は大分県にある別府大学附属高校（現・明豊高校）に進み、強肩強打の捕手としてプロ注目の存在となっていく。ただ、当時は進学希望で、既に大学とも話がついていた。

そうして迎えたドラフト会議当日、城島の名前が突如読み上げられた。福岡ダイエーホークスからの1位指名だった。

主導したのは根本だ。アマ球界との摩擦を恐れて指名を見送った他球団を差し置いての強行指名。球界全体を賑《にぎ》わす騒動に発展し、城島とその家族も混乱の渦に巻き込まれた。

途方に暮れた18歳は、運命の導きも感じていた。ドラフトの約1カ月前、王がホークスの次期監督に就任することが発表されていたのだ。城島が振り返る。

「僕が小さいとき福岡に球団はなかったですから、プロ野球を見るのに親父と広島まで行ってました。だから昔の写真はカープの帽子をかぶってますよ。それからダイエーが福岡に来て、ドームも出来て、僕が指名された次の年から王さんが監督になるっていうね……。そのタイミングがなければダイエーには入ってなかったかもしれない」

指名の数日後、王が直々に高校まで挨拶のためにやってきた。中3時の野球教室以来の再会だ。城島の目に王の姿は大きく見えた。

「『でかっ』と思いました。決してそんなに体が大きいわけじゃないんですけどね。それから部屋全体が暑い感じになって、自分の体も熱くなってきた。オーラなのか、威圧感なのか……。とにかく疲れました」

ホークス入団を決断し、95年にプロキャリアをスタートさせた。物怖《ものお》じしない性格と成長への貪欲さはうまく噛《か》み合い、入団3年目にはレギュラー捕手の座をつかみ取る。既に触れた通り、王とはときに感情をぶつけ合いながら親子同然の関係性を結んだ。

城島は王からさまざまなことを学んだ。その一つは、小久保が語ったのと同様、試合に出続けることだ。

右の手首あたりを抑えるそぶりを見せながら、城島は言う。

「このへんが痛くてバットも振れないことがありました。だから試合前、監督に言ったんですよ。『今日は打てません。打順を9番にしてください』って」

その要請を王はのまない。表情を変えずに言った。

「9番に変えたら、お前が打てるような状態じゃないってことが相手に分かってしまう。バットを振らなくたって、黙って打席に立ってるだけでフォアボール2つぐらい取れるだろ。いつも通り5番で出なさい」

また別の場面では、王からこんな話をされた。

「ホームランを打つとか三振するとかじゃなくて、ファンは君を見にきてるんだ。ファンがいちばん悲しむのは、見にきた試合のスタメンに君の名前がないことなんだよ」

〝生卵事件〟の際のスピーチにも象徴される、徹底したファン目線。これも城島が王から学んだことの一つだ。どうすればファンを喜ばせられるか、その視点を王が忘れることはなかった。

サインを求められたときの応対の仕方に、それがよく表れていた。キャンプ地でサインをねだられれば時間の許す限り応じ、どうしても時間がないときでも決して素通りせず「すみません」と頭を下げた。残念がる子どもがいればその頭をぽんぽんと優しくたたき、サインをもらうより強い記憶を残して歩み去った。

城島は言う。

「30年前、ホークスのキャンプを見にくるお客さん、悲しいぐらい少なかったですよ。でも王さんは毎日のようにサインしてましたし、主力の選手たちにも促すようになっていった。僕が次の練習に急いで向かおうとしてたら『ジョー、サインしてあげなさい』と。主力がやるから若手もやる。そうやってファンの間で『ホークスのキャンプに行けばサインがもらえるらしいぞ』と評判になってお客さんが増えるわけじゃないですか。サインをもらえたら、その選手を応援するためにドームに行こうって思う人も出てきますよね。今、ドームにはお客さんがいっぱい入ってくれてますけど、勝手に増えたわけじゃない。礎をつくってくれたのは王さんなんですよ」

心を動かしたオファー

王について語らせたら城島の熱弁は止まらなくなる。目を輝かせて言葉を継いだ。

「今、福岡といえばトップに来るのは、とんこつラーメン、明太子、3番目くらいにホークスじゃないですか。王さんは間違いなくそこに大きく関わった。監督をやりながらGMもやって、そのあとは会長。いろんなパーティーに出たり、メディアに出たり、グッズの販売にも貢献して。一人何十役もやってますよ。〝王イズム〟とは何か、一つ挙げろって言われたら難しいですけど、僕からしたら『福岡の街を変えた人』ですよね」

城島が語る言葉の中に、〝王イズム〟のもう一つの側面があった。いうなれば純度の高さだ。

「試合に全勝することはないし、全打席ホームランを打てるわけでもない。だけど王さんは少なくとも全勝しようと思っているし、全打席ホームランを打とうとは思ってますよね。それと『俺と一緒にやった奴は全員に結果を出させたい』『みんなに活躍してほしい』って本気で思ってる。僕、聞いたことがあるんですよ。自分でホームランを打つのと、自分が育てた選手がホームランを打つのと、どっちがうれしいですかって。王さん、『圧倒的に後者だ』って言いました。そんなことを少年のような目で言うんですよ」

GMの三笠も王について「143試合あったら143勝したい人」と言い表していた。

全打席、全試合、すべての選手、すべてのファン――。

たとえ100%の結果を得られないと知ってはいても、それを見越してはじめから妥協することはない。フルマークを目指して全力で――そんな混じりっけなしのリーダーシップが、〝王イズム〟の核にある。

城島はホークス在籍時、王の強い影響を受けながら、球界一のキャッチャーと称されるまでに成長した。しかし、小久保と同じように、イズムの継承役を担うまでには長い期間が空いた。

2006年、FA権を行使してシアトル・マリナーズに移籍。4年間にわたりメジャーでプレーしたのちに帰国し、阪神タイガースに入団した。1年目こそ全試合出場を果たすなど活躍したが、相次ぐ故障に見舞われ、移籍から3年目の12年にユニフォームを脱いだ。

それ以後の城島は、ホークスどころか野球そのものと距離を置いた生活を長く続けた。趣味である釣りやゴルフなどを満喫する日々。指導者としての資質に目をつけていたホークスは、球団会長の王を通して現場復帰の打診を毎年のように繰り返したが、城島はそれを頑《かたく》なに断り続けた。

「会長が『ジョー、そろそろユニフォーム着ようよ』って言うわけですよ。僕は『いやあ、まだ魚の気持ちも分かってないんで。魚の気持ちが分かってからじゃないと無理ですね』

とか言ってはぐらかしていた」

恩に報いる機会を待ってはいた。ただ、再びユニフォームを着て指導者となることでそれができるとは思えなかった。

「今の時代、10年も監督してる人なんていないでしょ。そんな短い時間では、僕は何も残せないかなっていう思いがありましたね。（指導者を長く続けられるか否かには）どうしても勝敗が直結する。そういうところで指揮を執っていては伝えられない部分もあると思うんです」

我が身に授かってきたエッセンスを後進に引き継いでいくのなら、勝った負けたとは切り離された場所で、じっくり腰を据えて取り組みたい。そんな城島の思いと球団からの現場復帰要請はすれ違い続けた。

球界が19年のオフに入った頃、またもホークスからのオファーが届いた。例年通り断るつもりだった城島の心はついに動く。そのとき提示されたのが現場でなくフロントの新設ポスト「会長付特別アドバイザー」だったからだ。

指導者としての誘いを頑《かたく》なに受けない城島の思いを、三笠が汲《く》み取ったのだろう。

そのオファーは城島の心にそれまでにない感情を呼び起こした。

「新しい役職で、しかも王会長に付く。ほう、そうきたか、と」

かねてイメージしてきた恩返しの形に近かった。

「30年前、王さんが一からつくり上げてきたホークスの礎は、財産として未来に伝えられていくべきです。でも考えてみたら、今のフロントも選手たちも、王さんが監督の時代に一緒にやってないんですよ。ということは、それを伝える役目は一緒にやってきた自分にしかできないのかなって。そう思って受けました。釣り竿《ざお》はまだ置いてなかったですけどね」

ホークスはようやく城島を引き戻すことに成功したが、特別アドバイザーが球団に顔を出す機会は決して多くはなかった。球団組織への関与が一歩強まるのは、コーディネーターの取りまとめ役である「シニアコーディネーター」の肩書が加わった24年からだ。

そして翌25年1月、城島はホークスのCBOに就任する。それまでと違って、基本的には常勤となる。釣り竿《ざお》を握る時間は取れそうにないが、ホークスの未来のために一肌脱ごうと腹をくくった。

これからの〝トロイカ体制〟

〝王イズム〟の継承者として小久保と城島を引き込んだ狙いについて、三笠は言う。

「ＭＬＢ（メジャーリーグ）で強い組織はどういう取り組みをしているのか、ＭＬＢに限らずトッププロスポーツの最先端の取り組みにはどんなものがあるのか、その中でフロントオフィスはどういう役割を果たしているのか。僕は引き続きそういうことをちゃんとリサーチしながらどんどんホークスにインストールしていきたいし、それを加速度的にやっていきたい。そういう姿勢は、勝つ組織としての必要条件なんだと思っています。そうやって〝ガワ〟をつくるのは僕らの役割で、そこに強いホークスのアイデンティティーを持った小久保さんやジョーが魂を入れる。それによって神話が完成すると思ってるわけです。ただ、主役は選手です。いくらフロント主導だからって僕みたいな（野球人でない）ＧＭがガーッとやるよりは、小久保さんやジョーのような元主役の人たちが選手に接するところを担ってくれたほうがいい。そこは彼らに任せつつ、僕は最先端の取り組みを追いかけることなどに注力する。そういう役割分担ですね。革新的なものと、強いアイデンティティーのような保守的なものというのは『どっちを取るか』みたいな話になりがちですが、僕としては『どっちもある組織がいちばん強い』と思っています」

三笠はさらに、こう付け加える。

「スタジオジブリには、宮崎駿さんや高畑勲さんといった優れたアニメーターがいて作品づくりを担う一方で、鈴木敏夫さんというプロデューサーが資金集めも含めた環境づくりをやってきたわけですよね。エンターテインメントビジネスには常にそういう係の人がいるんです。ホークスに当てはめれば、鈴木さんみたいな仕事を引き受けるのが僕。だから別に表に出る必要はなくて、映画の製作委員会を組織してお金集めをしたり、良い作品をつくるために必要な人を雇ってきたり、そういう仕組みをつくっていく。その例えでいくと小久保さんが作品の監督で、ジョーは製作総指揮みたいなものだといえるかもしれませんね」

球団の外に目を向け、最先端の知見を探しにいくGM。

現場とフロントに対面し、〝王イズム〟の継承を図るCBO。

CBOとタッグを組んで〝王イズム〟の継承を担いつつ、日々の戦いを通して最強を体現する1軍監督。

そんな分担が明確になってきた。

■ 2025年シーズンから「トロイカ体制」に以降

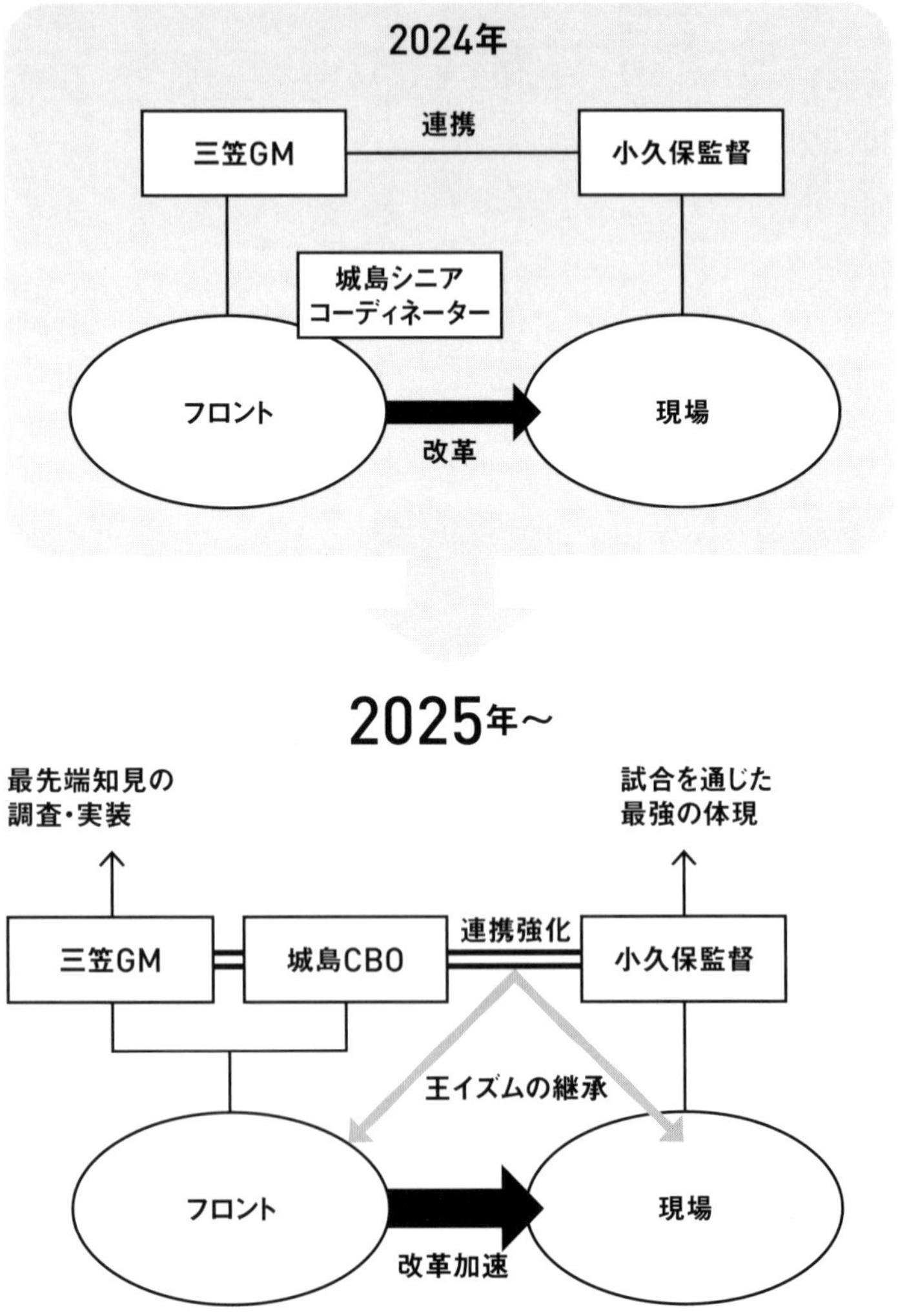

図＝筆者作成

ところで、城島が就任したＣＢＯとはどんな役職なのか。

国内では、ファイターズが前監督の栗山英樹をＣＢＯとしている事例が既にある。ただ、その役職自体に厳密な定義があるわけではなく、栗山と城島のケースを同列に論じるのは難しい。ここではホークスにおけるＣＢＯの職務内容について解説していく。

まず、ＣＢＯの新設でホークスの球団マネジメントの形がどう変わるのかを理解しておく必要がある。単純にいえば、これまではフロントのトップ＝ＧＭ、現場のトップ＝１軍監督という〝ツートップ体制〟だった。24年は、城島は会長付特別アドバイザー兼シニアコーディネーターというフロント側の役職に就き、育成全般の管理・統括に当たっていた。

25年からは、フロントのトップにＧＭとＣＢＯが並び立ち、そこに現場のトップである１軍監督を加えた、いわば〝トロイカ体制〟となる。ＧＭと１軍監督の間にＣＢＯが入るイメージだ。

今後、ＧＭの三笠が改革を加速度的に進めるうえで、フロントの〝顔〟がホークスＯＢ、しかもビッグネームの城島になれば、施策の浸透や現場との融和が進みやすくなるだろう。また、小久保と城島は現役時代から気心の通じ合った仲だ。２人が手を組むことで、現場とフロントの間の連携がより緊密になるに違いない。

こうした新体制のもと、CBOは「最高野球責任者」という名の通り、基本的に野球に関することのすべてを管掌する。もともとシニアコーディネーターとして担っていた育成部門の管理・統括に加え、チーム内人事や選手獲得などの業務にも幅広く関与。フロントの責任者として、GMと討議を交わしつつ、さまざまなジャッジを下すこととなる。

GMとCBOは互いに協同してフロントを率いる立場であり、管掌領域には重複する部分も多いが、まったく同じわけではない。城島が言う。

「メジャーの球団のGMっていうのは、僕と三笠さんの2人がしていることを1人でやっているような感じでしょうね。ただホークスの場合でいうと、僕はお金のことにはタッチしない。選手を獲る・獲らないの話には入りますけど、年俸をいくらにするとか、そういう査定には入りません。お金の話を僕にされたら球団も困るんじゃないですか（笑）」

〝語り部〟が担う役割

さて、CBOの重要な任務の一つ、〝王イズム〟の継承について補足しよう。その具体例として城島は次のようなことを挙げた。

「うちのチームは、キャンプとか遠征先の食事会場ではスリッパ禁止、靴を着用するのがルール。それも言い出したのは王さんなんです。食事中にフォークやナイフが落ちてきたらどうするんだってところから始まったんですよ。今の選手たちはルール通りに靴を履いてますけど、何でそうなったのか答えられる人が何人いるのか。放っておくと、そのうち『もうスリッパでいいよね』って変わっていくんだと思います。別に変えることはいいんです。ナイフもフォークもプラスチックだからもう大丈夫だよねと、みんなで話し合って変えるのは全然構わないんですけど、（始まった経緯を）知らないで変えるのは違うんじゃないかなって僕は思う。その点、僕とか小久保さんがいる間は『いやいや、実はこういう理由があるんだよ』って伝えられますよね」

主力選手はなぜ試合に出続けなければならないのか。なぜファンに対して積極的にサインを書いてあげなければならないのか。原点を知らぬままではいつか、「ちょっと疲れが溜《た》まってきたから休ませてもらおう」「面倒だからサインは断ってしまおう」と、時代に押し流されるように良き伝統が廃れてしまう。

変えてはいけないわけではないが、その変更が歴史を無視したものとならないように、城島は〝語り部〟となるつもりだ。

そう、継承とは歴史を無視しないことだ。だから城島が担う〝王イズム〟の継承とは、過去の栄光に対する執着でも、懐古主義的な取り組みでもない。むしろ未来のために必要な作業なのだ。城島は言う。

「どの組織（球団）も、現場で良いことをたくさんやってきたわけですよ。でも監督が代わると全部変わる。ひげ・茶髪は禁止だって言われていたのに、次の監督はＯＫだよって。その繰り返し。結果的に、プロ野球、70年前とあんまり変わってないと思うんですよね。ただホークスの場合は、王さんが福岡に来たときに『こっちに向かって進むぞ』とスタートを切ってから、大きな方向性って変わってないんです。もちろん、そのときどきの監督によってある程度のぶれはありますけど、反対の方向に進むようなことはない。でも、そういう歴史を知らなければ、30年前の地点に戻るってことも起こりうる。今、小久保さんが監督になって『〝王イズム〟を継承するんだ』ってあらためて打ち出しているのは、そういう意味なんです」

日本球界では、前任者否定の作用で非生産的なステップバックが繰り返されてきたことは否めない。ホークスはそれを可能な限り回避し、着実な進歩につなげようとしている。

実行したことについてその都度検証しながら一歩ずつ知見を積み重ねていく営みは、効率的な選手育成にもつながるという。

「今、我々がやっていることが仮に失敗したとしても、一つの答えを出したことにはなります。大事なのは、10年後のフロントがそれをちゃんと知っておくことです。Aプランはうまくいかなかったと知っていれば、次はBプランを試せばいい。もし、10年後にまたAプランをやろうとするようなことがあれば、それは遠回りでしかないですよね。コーディネーター制に力を入れているのも同じ理由です。選手それぞれに合った育成の仕方を見つけてあげて、その選手が持っている最高のパフォーマンスを引き出せるような環境を用意してあげたいなって思うわけですよ。そこもやっぱり遠回りは許されない。なぜかといえば、選手には時間がないからです。4、5年で結果を出さないとクビになる。Aプランから順番に試していってCプランが自分にはいちばん合ってると気づいたときには3年たってた、それじゃもう遅いんですよ。ホークスに来たから力が発揮できたっていう選手が一人でも多く増えてほしい。それが僕の願いであり、王さんの願いでもあり、球団の願いでもあると思うんです」

過去から現在に至る歴史を振り返り、反芻《はんすう》すること。それは一見、立ち止まっているようで、組織の強度を高め続けるために必要なプロセスなのかもしれない。

組織の枠組みやルールを整えることは大事だ。実績十分の大物選手を獲得してくることも、もちろん大事だ。だが、例えば20年後にも今の強さを保てているだろうか。時代の変化とともに、最適な組織のあり方は変わるだろう。今いる選手のほとんどが既にチームを去っているはずだ。それでも強くあり続けるためには――。

その問いに答えるべく、三笠は〝王イズム〟の継承という形で手を打った。

組織から人はいずれ去るが、そのたびにゼロからのリスタートとなっていては〝勝ち続けるチーム〟はつくれない。だからこそ、小久保と城島という最強の継承者がいる間に、2人が去ったあとも〝王イズム〟を継承する土壌をつくることが不可欠なのだ。

第6章

世界一になるために

「めざせ世界一！」実現への道

ここからは、未来に向けたビジョンについて明らかにしていこう。繰り返し触れてきたように、ホークスは「めざせ世界一！」をスローガンに掲げている。達成への道筋をどう描いているのだろうか。

世界一という目標をはじめに口にしたのは、オーナーの孫正義だ。2004年オフ、ホークスを買収した直後の〝鶴の一声〟だったが、当初からそれを本気にしている球団関係者はほとんどいなかった。各自の心にその3文字の輪郭が明瞭に浮かび始めるのは10年代中盤に入った頃から。14年からの7年間で4連覇を含む6度の日本一を達成したことが契機となり、球団は目線を国内から世界へと振り向けた。

その道中の15〜16年、孫は当時の指揮官である工藤公康に対し「国内10連覇」という新たな目標を伝えている。それは次第に球団内で共有されるようになった。

世界一と国内10連覇。2つの目標の関係性について、GMの三笠杉彦は言う。

「10連覇という意味の一つは、ジャイアンツのV9を超えるということですよね。世界一との関連でいえば、国内で10連覇して、日本では無敵だ、もうやることがないぞと示すことに意味があると考えています。将来、メジャーのチャンピオンとの世界一決定戦が実現したとして、日本の代表にふさわしいのはホークスだ、ホークスを挑戦させてみたいと周りの人に思ってもらえなければ、その舞台には立てないわけです。そういうチームになるために必要なのが10年連続日本一なんだと思います」

序章で触れたように、孫はホークスを買収した直後にメジャーリーグ機構に乗り込み、〝世界一決定戦〟を開催しようと直談判した。当時は孫をもってしても具体的な動きを引き出せなかったが、20年を経た今、その実現可能性はどれほどになっているのだろうか。

「メジャーリーグ機構の国際部門などとの間にチャネルがあり、継続的に協議はしています。また（ＭＬＢとＮＰＢの一騎打ちではなく）クラブ世界選手権のような形も、可能性としてはないわけじゃない。ＷＢＣも盛り上がるようになってきましたから、その流れに乗ってクラブ単位の大会もあって然《しか》るべきだと思っています」

サッカー界では、6大陸の選手権王者がトーナメント方式で優勝を争う「ＦＩＦＡクラブワールドカップ」が開催されている。その野球版が実現すれば、「野球の世界的発展につながる」と三笠は言う。

「クラブに所属している選手の国籍は問わないという点におもしろさがある。例えば中国の大企業がメジャーのビッグネームを集めてつくった強いチームが世界一になる、みたいなこともありうるわけです。中国の代表チームが世界一になるよりも可能性としては断然高いですよね。NPBの外国人枠を撤廃するという話にもつながってくるかもしれない」

世界大会の開催を機に野球人気がグローバルに波及すれば、当然、日本の球界にも新たなビジネスチャンスがもたらされるだろう。構想としては魅力的だが、MLBとの世界一決定戦とクラブ世界選手権、どちらのアイディアも実現までの道のりはまだ険しい。

「やはり、最大の課題は興行として成功するかどうかという点です。仮にそういう大会を開催するとすれば、リーグのシーズン中のどこかにウインドーマンス（国際交流期間）を設けて、そこに前年の各リーグのチャンピオンが集結する形になるのだろうと思います。そのぶんリーグのスケジュールは圧迫される。そういう犠牲を払ってでも世界大会をねじ込むんだという状況をつくらなければいけないわけですが、少なくとも、普通にリーグ戦を開催しているのと同等以上の収益が見込めない限りはなかなか成り立たない話ですよね。興行として成立する枠組みをまだ誰も描けていない、だから実現していないというのが現状なんだと思います」

三笠からの命を受けて、ホークスの世界一戦略の実務を担当しているのは、米ハーバード大学出身でホークスを含む日米5球団でキャリアを重ねた嘉数駿だ。嘉数は、「めざせ世界一！」の達成に向けては次の3つのアプローチがあると考えている。

①世界一のタレント集団を形成する
②MLBとNPBの優勝チームによる世界一決定戦に勝利する
③NPB自体を世界一のリーグにし、その中で最強を証明する

「①世界一のタレント集団を形成する」は、これもサッカーを例にするとイメージしやすい。スペインのFCバルセロナやレアル・マドリード、フランスのパリ・サンジェルマンなど、ヨーロッパ主要国リーグの強豪チームは世界中のスター選手が集結したタレント軍団だ。世界一を目指すなら、世界のトッププレーヤーを味方に加えることは必然となる。

嘉数は言う。

「才能のある選手を世界中から集めてくる取り組みは、ホークスとして以前から行ってきました。キューバから選手を獲得した事例もあれば、24年オフには台湾出身選手（張峻瑋）が入団しました。国際部と一緒になってアフリカの選手をスカウティングする試みもしている。選手だけではなく、多様な経歴と知見を持つスタッフを集めることにも力を入れています」

ただしNPBには、日本国籍を有しない選手は最大4人までしか1軍に登録できないなどの外国人枠の規定がある。そのため、現状では「最強の多国籍軍」をつくるというアプローチは中途半端な形にならざるを得ない。

次の「②MLBとNPBの優勝チームによる世界一決定戦に勝利する」という考え方だが、やはり機が熟していないと嘉数は見ている。

「まだ、メジャーリーグ側がそういう戦いをしたいという気持ちになっていないのが現実です。そんな状況で強引に開催できたとしても、花相撲のような（真剣味に欠けた）感じになる可能性が高い」

どうすればMLB側の本気を引き出せるのか。筆者の見解も交えていうと、大きな要素が2つある。

1つは、三笠も指摘したように興行的な価値を示すことだ。ありていにいえば、その試合を開催することで大きく儲《もう》かるスキームを描ければ、MLB側が重い腰を上げるモチベーションになるに違いない。

もう1つは、日米を中心とした野球関係者やファンの総意を形成すること。「MLBで優勝しただけでワールドチャンピオンを名乗るのはおかしい」「NPBのチャンピオンとの決戦に勝たずして世界一になったとはいえない」と、誰もが思わずにはいられない状況をつくり出さなくてはならない。

ビジネス的価値の差を埋めるには

いずれにおいても必須なのは、NPBの価値向上だ。MLBとの比較においてNPBの価値が低いとみなされている限り、アメリカをはじめとする世界の野球ファンがMLB対NPBの世界一決定戦に心を躍らせることはないだろう。NPBの枠の中でホークスがどれだけ勝ち続けようとも、その状況は動かない。

そこでおのずと「③NPB自体を世界一のリーグにし、その中で最強を証明する」のアプローチが重要となってくる。「NPBが既に世界2位のポジションにあることは自明であり、1位を目指すのは当然の発想」と嘉数は言う。

ＮＰＢを世界一のリーグにするとはどういうことなのか。これには「競技的価値」と「ビジネス的価値」の観点がある。

競技的価値とは要するに「強さ」のことだ。国単位で見たとき、日本は既に世界一である、という見方はできる。21年の東京オリンピック、23年の第5回ＷＢＣと、近年の主要な国際大会で日本は優勝した。また、大谷翔平をはじめとする日本人選手のメジャーでの活躍も目覚ましい。少なくとも野球大国であるアメリカと比肩する競技レベルに達していることは明らかだ。

一方、ビジネス的価値ではＭＬＢに大きく水をあけられている。

米誌『フォーブス』によると、日米のプロ野球市場規模は１９９５年時点で日本（ＮＰＢ）が約１５３１億円、アメリカ（ＭＬＢ）が約１６９０億円とほぼ同じだった。それが２０１９年には日本が約１８００億円、アメリカが１兆５８００億円となり、実に9倍近くもの差がついた。

それに伴い、選手の年俸にも大きな違いが生じている。ＭＬＢ選手の平均年俸は４９８万ドル（24年開幕時・１ドル１５０円換算で約7億５０００万円）。かたやＮＰＢ選手の24年シーズンの平均年俸は４７１３万円だった（日本プロ野球選手会の会員支配下選手）。

ちなみに24年のMLBで総年俸が最も大きかった球団はニューヨーク・メッツで、その額は3億3200万ドル（約498億円）。これはNPB全12球団の年俸総額約337億円（同前）をゆうに超える。

これほどの差があっては、「NPBは世界一のリーグである」などとは到底主張できない。

今後、NPBがビジネス的価値を押し上げるために注力すべきことの一つとして、嘉数はブランディングを挙げる。

「NPBはブランディングがまだうまくできていないと感じています。日本の野球の競技レベルがメジャーに肉薄していることには多くの人が気づいている。でもブランド価値を考えたとき、日本の各球団はニューヨーク・ヤンキースやロサンゼルス・ドジャースのはるか下にあるといわざるを得ません。本当にもったいないと思います。日本の野球がいかに優れているのかを世界に向けてもっとアピールして、ブランド価値を高める。そこから踏み出していけば、結構簡単に状況は変わっていくんじゃないかと思っています」

大谷翔平を育て上げた日本の野球。

WBCの激闘を制した日本の野球。

競技レベルではMLBをも凌ぎうる水準に達している日本の野球。

アピールに使える武器は、実はたくさんあるはずだ。それらをフルに活用し、世界に向けて〝サムライ〟ブランドを確立する。ビジネスのプロフェッショナルたちの英知を結集すれば、決して無理な話ではないだろう。野球において「ジャパン・アズ・ナンバーワン」のブランド価値が世界に認められたとき、状況は一気に動いていくのかもしれない。

これはホークスの課題というよりも、リーグ全体として取り組むべき課題だ。NPBに問題意識がないわけではない。各球団の担当者が一団となって渡米し、メジャー球団のノウハウを学ぶ視察などが行われており、遠く離れてしまった背中にどうにか追いつこうという姿勢はある。しかし、そうした取り組みが全球団の意思統一、スピード感のある具体的な施策につながっているとはいえない。

それでも嘉数は、期待を込めてこう話す。

「ポジティブな見方をすると、少しずつ変わってきていると思います。04年の球界再編問題のときに楽天が、同じ時期にソフトバンクも入ってきました。危機的な状況だったところに新しいプレーヤーが参入したことで、観客動員の増加などビジネス的な面で成長を果たしました。人材の面でも、昔は親会社からの出向で来ている人ばかりだった状況から、僕も含めて野球の仕事がしたいと言って入ってくる人が増えた。この20年で日本のプロ野球の価値は確かに上がっていると思うんです。そして今、その成長がそろそろ頭打ちのところに来ている。やれることはやり尽くして、球場はほぼ満員で、あとはチケットの単価を上げるくらいしかない。これ以上の成長余地はあまり残っていないんじゃないかという感覚は、どこの球団にも一定程度あるでしょう。これまでは球団単位で努力してきたけど、そのフェーズをそろそろ終わりにして、これからはリーグ全体で頑張っていかなければいけない。そういうふうに考える人がどんどん増えてくるはずだと思っています」

24年、セ・パ公式戦の入場者数は2668万1715人に達し、史上最多を記録した。筆者が計算したところ、半数以上の球団でホーム球場の平均収容率が90％を超えていた。日本のプロ野球はこのように高い人気を誇る一方で、「これ以上の成長余地はあまり残っていない」という嘉数の指摘もまた事実だ。

個別の球団の経営努力に頼り続けるのではなく、今こそリーグ全体としての成長戦略を描くべきではないだろうか。

NPBを世界一のリーグにする——。

その成否は、日本球界が球団の垣根を越えて一つになれるかどうかにかかっている。

「みんな死んじゃいます」

本書の執筆に当たり、総勢15人以上の球団関係者にインタビューを行った。そして、ほぼすべての対象者に次のような共通の質問をぶつけた。

ホークスがもっと強くなるには何が必要だと思いますか――。

返ってきた答えには、それぞれが抱く球団への思いがよく表れていた。また、図らずも同じベクトルを共有している人も少なくなかった。

データサイエンスコーディネーターを務める関本塁は、件《くだん》の問いに対し「ちゃんとすることじゃないですか」と、つかみどころのない答えをはじめに述べた。

ところが、それに続いて出てきた言葉は厳しいものだった。

「日本一に10回なっても世界一にはならないよって、僕は思ってます」

国内10連覇を世界一への足がかりとする。それは一つのロジックとして球団内に存在するが、先に触れた通り、そこに明確な因果関係があるわけではない。世界一に向けた青写真の解像度はまだ低い。

まずはそれをクリアにすべきだ、と関本は指摘しているのだ。

「世界一を目指すんだったら世界一の定義をつくらなきゃいけないし、世界一を目指すのにNPBにいていいのか、とも思う。だって、ドジャースを倒さなきゃいけないいんですよね？ ホークスがリーグをつくって、ドジャースを呼べばいいじゃんって話かもしれない」

ホークスが追い求める世界一の姿を明確化し、それを実現するために必要な手段を、球界の常識にとらわれることなく果敢に講じていくべきではないのか。それが「ちゃんとすること」という表現に込められた意味だろう。

筆者が「国内10連覇すればメジャーとの世界一決定戦も実現するのではないですか」と口を挟むと、関本は「(それを待っている間に) みんな死んじゃいます」と一笑に付した。

「4連覇で止まったのを経験した身としては、もう待てません。『世界一とは何ぞや』をもっと明確にすることが必要。オーナーが掲げたビジョンなんですから、それをみんなで実現するのがその組織の使命なんじゃないかってシンプルに思いますね」

類似した表現を使ったのは、チーム戦略室室長の小山亮だ。

「抽象論になりますけど、どうしたら強くなれるかをみんながまじめに考えるってことだと思いますよ。それぞれの立ち位置で、それぞれが本気でちゃんと考える。そのうえで、小さいステップでもいいので実行につなげることがすごく重要でしょうね」

小山はリクルートからエン・ジャパン、そしてソフトバンク本社に入ってからも、一貫して人材採用業務に携わった。強いスポーツ組織の秘密を知りたくなり、ホークスへと移ってきたのは18年。そんな小山の目に、球界のカルチャーは「全体的に旧態依然としたやり方が守られる傾向が強い」と映る。それに引っ張られずに、より良い方向へと物事をどう変えていけるか。一人ひとりの変革への姿勢と現状を打破する力量に、ホークスの今後はかかっているという。

「まじめに考えてアクションしてみて、うまくいかなかったら反省してまたやり直す。当たり前のことですけど、それをやり続けることがもっと強くなるということなんじゃないかなと思います。ほかの球団からは、ホークスはお金をすごく使っていて環境も整っている、戦力もそろっていると見られてますけど、そういう現状に満足したら終わり。実際のところ、できていないことは山ほどありますから」

GMの三笠も、真の常勝球団を築くには不断の向上心と小さな努力の積み重ねが欠かせないと説く。

「球団を中長期的に強くするとはどういうことなのか。それをみんなでまじめに考えて、実行していく。一つひとつは華やかなことじゃないんですけど、まじめにやることが大事。『それってどう考えてもまじめにやってないよね』というような部分が、組織の活動の中には意外とあるものなんですよね。そういうことをまじめにやろうよってずっと言ってきた自負はありますし、これからも続けていこうと思っています」

「ホークスメソッド・プロ編」の策定を担当した育成部の宮本泰成は、他球団との交流を持つなかで気づくことがあったと話す。

「ある球団では、フロントが決めたMVVや組織としてのルールを、トップダウンで現場にしっかり浸透させているそうです。それこそ1軍監督も含めて、例外なく従ってもらう形式を取っている。それが徹底できているのはすごいなと思う一方で、ホークスには当てはまらないなとも感じました。ホークスの場合、我々は強いチームであるという共通認識が根底にありますし、強いチームならではのノウハウ、メソッドが球団の中に既にあると思うんです。なので、きれいなフレームワークを外から持ってきて上意下達で強力に浸透させていくというよりも、球団の核にある強さの秘密みたいなものが、そのときどきの状況に応じて抽出される。そんな形がホークスにはふさわしいんじゃないかなって。それは、強いチームだからこそできることでもある」

そう話したうえで、宮本は、さらなる強さを手に入れるために必要なこととして「学び続けること」を挙げた。

「自分の立場から言うと、ホークスがさらに強くなれるかどうかは、球団の中にある勝つノウハウ、メソッドをどのようにアップデートできるかにかかっている。チームを取り巻く環境は常に変わっていくので、仮に勝てているとしても、学び続ける姿勢を持っておくことが大事だと思います」

強いチームであり続けるための基本的なコンセプトや方法論は既に球団内部で培われてきた、という考え方だ。その一部、特に育成にまつわるノウハウを整理し可視化したものが、第4章で紹介した「ホークスメソッド」ということになる。

もしかすると今後は、技術編やゲーム戦略編、さらに究極的には〝試合に勝つ方法〟をまとめたマニュアルを編むようなこともあるのかもしれない。

そうしたメソッドを外的環境の変化に合わせて修正・錬磨し、スキのないものに仕上げる営みを続けていけば、ホークスの強さはより再現性の高いものになるはずだ。

同じく「ホークスメソッド」の策定に関わった野球振興部の部長、須山晃次も、示し合わせたかのように宮本と同様のフレーズを口にした。

「さらに先に行くには何が必要かと考えれば、それぞれの領域の人たちが学び続けることだと思います。学びを止めれば成長も止まる。選手はもちろん、コーチもスタッフもそうです」

須山は立場上、アカデミーのコーチと接する機会が多い。現役を退いたばかりの元選手が子どもたちに野球を教える様子を見守りつつ、彼らコーチたちにこそ学び続ける姿勢を持ってほしいという強い思いが湧き起こる。

「これまで野球をやってきて、それをそのまま教えればいいんだと思ってしまう人がどうしても多いですね。確かに自分の経験値は大事だし、元プロ野球選手しか持っていないものもあると思うので、それを否定するわけではありません。ただ、人に教えることが仕事になった時点で、そのための勉強は絶対に必要になってくる」

教える者が学ぶこと。そのステップが欠けると、未来へ続く育成のサイクルは瓦解しかねない。野球界にはサッカー界などのような指導者のライセンス制度がないからこそ、教え方に精通したコーチの育成は、チームが強くあり続けるための重要な要素となる。

メジャーを追い越せ

学ぶべき手本としてホークスが最も注視しているのはメジャーリーグだ。

東大野球部のアナリストからホークス入りした齋藤周がこんなことを言っていた。

「先日、山本由伸（ロサンゼルス・ドジャース）とダルビッシュ有（サンディエゴ・パドレス）が投げ合っていましたけど、ああいう試合がアメリカ時間で行われるのって結構寂しいなと思うんですよね。あれが日本時間で行われるようになるぐらいじゃないと、ホークスも強くならないのかなって」

日本球界で実力を伸ばしたスター選手の多くが、メジャーリーグに活躍の場を求めて移籍する。当然、日本人投手が投げ合う試合はアメリカ時間で開催され、日本にいるファンたちはそれに合わせて画面を見つめる。

野球の世界はアメリカを中心に回っているという現実——。齋藤はそこに寂しさを禁じ得ないのだ。

「MLB＞NPB」の構図が変わらない限り、ホークスがいくらNPBの強者になろうとも、井の中の蛙《かわず》でしかない。

「マクロな視点でいえば、メジャーと人材（選手）の取り合いができるようにならないと、本当の意味では強くなっていかないと思います。そのためには結局、年俸の水準がアメリカと対等なところまで上がってこなきゃいけない。メジャーはリーグ主導の取り組みで拡大してきたわけですが、それを踏まえて日本はどうするべきなのかを考える必要がありますよね。国内人口は減っていきますし、韓国や台湾などを巻き込むことも考えるべきかもしれません」

スカウティングにおけるデータ活用の推進を担うほか、海外球団の視察に行くこともある牧田恭平の回答も、ベンチマークとしてのメジャーリーグを強く意識したものだった。

「強くなったホークスが次は世界一を目指すんだとなったときに、アメリカで起こっていることは絶対に無視できない」

ただ、進取の精神に富んだホークスであっても、メジャーに追いつくことは容易ではない。先行者はなお猛然と前進し続けているからだ。牧田は言う。

「ホークスも導入している『トラジェクトアーク』というマシンがありますけど、あれはもともとカナダで開発されたもの。そこの社長、まだ20代なんですよ。彼は大学の卒業作品としてトラジェクトアークをつくったそうです。それに目をつけたのがシカゴ・カブス。球団の施設に初号機を置いて、いろいろと使ってみながらフィードバックを繰り返していきました。開発されてからまだ数年の歴史しかないんですけど、MLBは24年には、試合中にトラジェクトアークを使ってよいというルール改正を行っています。あっちはそれぐらいクイックに物事が進んでいく世界なんです。僕たちもそのスピード感についていかなきゃいけない」

牧田の感覚では、日本球界はメジャーに比べて10年近くは遅れているという。ますます距離を離され、置いてけぼりにされるようでは、世界一など望むべくもない。

その一方で、すべてをアメリカナイズすればよいとは牧田は考えていない。

「新しいものを取り入れつつ、歴史をしっかり受け継いでいく部分も大事だと思います。ホークスが今までやってきたこと、その歴史を把握しながら、しっかり守っていく。土台にある〝王イズム〟だとか〝ホークスらしさ〟みたいなものを受け継いでいくことができたら、強いチームになるんじゃないかと思っています」

選手がチームを強くする

25年は3軍監督を務める斉藤和巳も、ホークスの伝統的な精神性の部分に目を向けた。弱小と常勝、その両方の時代を経験し、王の影響を色濃く受けた元エースらしい言葉を並べる。

「ちょっと時代には反してるかもしれないですけど、言うべきことは言う。しっかり向き合って伝える。それは相手がたとえ1軍の選手、チームにとって大事な選手であっても関係ないし、遠慮は必要ないと思います。チームは組織で動いているので。なあなあになると、いろんなことが緩んできて、コケたときに取り返しがつかなくなってしまう可能性がある。『こうしたほうがいいのにな』って思うことはどの組織にもあるはずですけど、それを放っておくというのは楽をしてるってことだ思うんですよ。楽なところに人は集まるから、今度は集団で楽をするようになる。そうなったら元に戻すのがすごく大変な作業になってしまいます。だからそれは早めに止めないといけない。嫌われるのを怖がらずにね。それができるようなチームの柱になる人がどんどん現れてくると、崩れにくいチームが出来ていく」

監督やコーチがその役目を担うこともあるだろうが、選手たちが自律的に指摘し合えるチームになるのが理想だと斉藤は言う。

「選手がそういうふうに動いてくれるのがいちばん良い。『それはあかんぞ』とか『こうしようや』って、お互いが注意して、みんなで引っ張っていけるチームが強くなるんだと思いますよ。そこは正直、(今のホークスには)まだ足りないというか。もっとできるんじゃないかなって思いますね。結果を残しさえすればオッケー、ではないので」

データで打撃の神髄を解き明かそうと奮闘している元首位打者の長谷川勇也も、選手の意識に言及した。

「チーム内でガンガン争いが起こる、タイトルをみんなで争うぐらいになれば圧倒できると思いますね。戦力というよりは、質(意識)がもっともっと高い選手が増えて、若い選手もどんどんそれに続いていく。そうなれば、ホークスの誰がスタメンに入っても強いっていう状況になるだろうし、9人の打者全員がリーグの打撃10傑に入るようになるんじゃないですか」

長谷川が入団した07年、ホークス打線の中軸には多村仁志、松中信彦、小久保裕紀らの「濃いメンツ」が並んでいた。だがドラフト5位のルーキーは、そんなビッグネームにも負ける気は一切しなかったという。

「根拠はないです。ただ、打率10割打てば勝てるだろって。バットを振れば絶対にヒットを打つ、ホームランを打つ。そこを目指してました」

今のホークス打線にも柳田悠岐、山川穂高、近藤健介などのそうそうたる打者の名前が連なる。長谷川は言う。

「そういう選手たちには敵《かな》わないという気持ちがあるようでは、強くなるのは無理ですよね。僕はエリートじゃなかったし、守備は下手、足もそこそこしか速くない、肩も普通。だからバッティングで勝負するしかなかった。打つことに関しては、当時のレギュラーには絶対に負けないと思ってましたよ。ちょっとバカなぐらい、ネジがぶっ飛んでるような選手がいっぱい増えれば勝手に強くなると思います」

ともに選手の意識の重要性を説いた2人だったが、斉藤は組織を強靭《きょうじん》にするためのカルチャーについて語り、長谷川は個々の野心、あるいは向上心に重点を置いた。

きっとどっちも大切だ。自他に厳しい視線を向け、ともに高め合う意識を共有する者たちが増えるほど、チームは強くなっていく。

プロフェッショナル集団であれ

選手たちを支える力の強化に意識を向ける者もいる。嘉数はこう言った。

「フェアな競争ができる環境をつくるのが僕らの仕事です。競争が厳しいこと自体はしょうがない。それぐらいレベルが高いところなので。ただ、サポートが十分でない、ということはあってはいけないと思うんです。選手が競争していくうえで必要なサポートをいろんな角度から提供するのが、チームとしてのあるべき姿。人材を集めることも含め、そこをどれだけ手厚くできるかが、チームが強くあり続けるためにいちばん重要なところかなと思っています」

育成支援というよりも、競争支援と表現するほうが適切かもしれない。選手たちが高いレベルで競い合える環境を用意することで、継続的な強さの確立に貢献しようとしている。

育成関係者のマインドセットや評価のあり方について踏み込んだ回答をしたのは倉野信次だ。25年も引き続き、1軍投手コーチと投手のヘッドコーディネーターを兼務する。異国の地でのコーチ経験を踏まえ、熱く語った。

「アメリカに行って考え方が大きく変わったのは、現場の指導がコーチ主導ではないというところです。技術系のコーチだけでなく、データサイエンスのアナリストやS&C（ストレングス&コンディショニング）のトレーナーなど、いろんな役割の人たちが意見を対等に出し合って選手を育てている。日本では、監督・コーチ、それ以外のスタッフという感じで、なんとなく序列ができてるじゃないですか。でもこれから、1軍監督は別としても、それ以外のみんなが横一列で意見を出し合うようになっていけばチームは強くなるんじゃないかと思いますね。もちろん、それぞれの分野のスペシャリストを集めることが大事になってきますけど、その評価の仕組みも変えられる余地が大きい。当然、実力主義であるべきだし、もっとピラミッドのような形になっていけばいいのになと思います」

選手が1軍を頂点とした三角形の中で上を目指していくように、「コーチやスタッフにも実力に応じて昇格していくシステムがあるべきだ」と倉野は言う。

「アメリカでは完全にそういう形になってますから。もちろん給料も上がっていきます。日本でどこまでできるかは分かりませんけど、球団がプロフェッショナル、スペシャリストが集まる組織である以上は、実力で評価されなければならないのは確かです。実力がないとみなされれば職は与えられない。少なくとも僕はそういう気持ちでやってますよ。正直にいえば、生活するための仕事だという考え方は持ってほしくないし、問題を起こさない限りは留まっていられる、というのも違うと思う。アメリカでは、ただじっとしていて何もアクションを起こさなければ『できない人だ』と思われてすぐクビになります。そういう感覚のほうが僕は好きですね。やってる側としては確かにしんどいですけど、それが本当のプロフェッショナル組織なんじゃないかなって思います」

CBOに就任した城島健司も、組織を構成するすべての人に高い意識を持つことを要求する。

「世界一を目指すのはどういうことかというと、もちろんチームが勝つこともそうですけど、監督、コーチ、スタッフも含めて世界一の組織になるということ。世界一のトレーナーにならなきゃいけないし、世界一のバッティングピッチャーにならなきゃいけない。そうなればおのずと選手のパフォーマンスも上がっていきますよ。孫さんが言う世界一というのは、メジャーのチャンピオンに勝つとか、そういうことだけじゃないと思う。エンターテインメントの部分でも世界一。ファンサービスでも世界一。だから、関わってる人たちみんなが世界一にならなきゃいけない。僕も含めてね。まあCBOっていう役職の人は世界を見てもそんなにいないんで、僕がいちばん世界一に近いかもしれないですね（笑）」

世界一の志を持ったプロフェッショナル集団が、その英知を結集して万全のサポートを提供する。選手たちはそれを目いっぱい活用しながら、激しい競争に果敢に挑み、自らのスキル向上、そして地位の向上に全力を注ぐ。

そうして築き上げられた戦力を率いて、1軍監督が勝利というミッションを負う。重い采配を握る小久保裕紀は「もっと強くなるために必要なこと」を問われ、こう答えた。

「現場を預かっている身としては、やっぱり世代交代でしょうね。今のレギュラー陣を見ると、栗原（陵矢）はまだ20代ですけど、柳田、山川、近藤は30代。中軸を張れる選手たちの入れ替えが実現しないと、勝ち続けるのは難しいと思いますよ。僕の考えでは、中心がいてこそ周りが生きる。ピッチャーも含め、その真ん中にはまる選手として誰が出てくるのか、僕は楽しみにしてます。（25年は）世代交代を意識した起用が必要になってくるし、チャンスはあるんでね」

目下最大の懸案は、FAでジャイアンツに移籍した甲斐拓也の後釜争いだろう。主力捕手の退団がチームに与える影響は計り知れないだけに、「誰かが抜けて弱くなるチームではない」ことを証明できるかが試される。

勝ち続けながら育てる。小久保の狙い通り世代交代のサイクルをうまく回すことができれば、ホークスはこの先も強いチームであり続けられる。

日本にプロ野球が誕生してから90年の歳月が流れた。

球史を振り返れば、長短はあれど、それぞれの球団に栄光の時代が存在した。だが、指揮官の交代や中心選手の衰え、退団、あるいは組織内の不和など、さまざまな要因によって強い時代は例外なく途絶えてきた。

もちろん永遠に続くなんてことはあり得ない。それでも、強さを失う要因を可能な限り排除したとき、〝黄金期〟はどれくらい続くのだろうか。世界一という壮大な目標に向けて不断の改革を推し進める組織は、どこまでの高みに到達できるのだろうか。

そんな好奇心への回答を、ホークスが示してくれるかもしれない。

おわりに

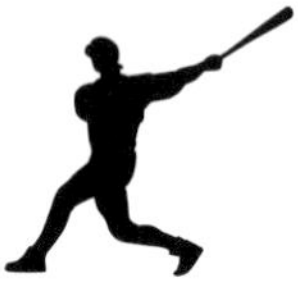

「優勝できるチームと優勝できないチームの違いは、どこから生まれてくるのだろう？」
そんな疑問が本書の出発点だった。

きっと唯一絶対の解はない。それでも、優勝に不可欠な要素を筆者なりに探り当てられた感触がある。

その一つが志の高さだ。ホークスが「世界一」を目標に掲げていることには重要な意味がある。もっといえば、その壮大な目標を達成することに「本気である」という点こそが、ホークスが〝勝ち続けるチーム〟である理由ではないだろうか。

本書で紹介してきたホークスのフロントによる改革は、「不確かなものへの挑戦」といえる。不確実性が高い要因の一つは、フロントがあくまで現場のサポート役であることだ。他者を間接的に上達させようとする試みには、おのずと困難がつきまとう。

しかも、選手たちが取り組んでいるのは、野球である。試合の勝敗には運の要素が多分に絡む。フロントが手を尽くしたのにチームは大型連敗、などということは十分に起こりうる。何らかの施策を始めたとしても、効果が出るまでに長い時間がかかることも多い。

手応えを得にくい努力を続けることは難しい。「こんな取り組みをしても意味がないのでは」と疑い始めたり、「どうせ最後は運次第だから、これくらいで十分だろう」と妥協するようになったり……。

そうして個人間に温度差が生まれると、組織は一体感を失い、改革の失速や迷走に陥っていく。

だが、筆者が見たホークスがそうした状態になることは考えづらい。「世界一」という目標を共有しているからだ。そこに向けて「本気」だからだ。

不確かなものを前にしても、彼らはこう考える。

「世界一に少しでも近づく可能性があるのなら、果敢に挑戦するべきだ」

「『ムダに終わるかもしれないからやめておこう』なんて思考は必要ない」

効果の大きさは未知数でも、すぐに実を結ぶとは限らなくとも、チームが強くなることに資すると信じて手を打ち続ける。

崇高な目標と、それを達成するという強い信念の共有は、自分たちの活動に対する疑念や不安、妥協を打ち消す。だからホークスは、手を緩めることなく改革を進め、着々と「強い組織」「強いチーム」を築いてこられたのだろう。

そう考えたとき、およそ20年前、孫正義と王貞治が出会ったという事実の重みがずっしりと感じられる。

2004年秋、ソフトバンクによるホークス買収がまだ発表されていなかった段階で、2人は初めての面会を果たした。その席で孫は言った。

「やるからには日本一になって、そして世界一を目指すチームにしてほしい。望むのはその一点です」

視線の先にいたのが王以外の人物だったら、孫が発した「世界一」の言葉はどこか空虚に響いたのではないだろうか。だが、そこにいたのはまぎれもなく〝世界の王〟だった。

「世界一」の指令を受け止める側として、これ以上ない適任者だった。

しかも、2人そろって大の負けず嫌い。そんな奇跡的ともいえる出会いの瞬間から、圧倒的な強さを求めてまっしぐらに突き進むホークスの路線は明確となったのだ。

ホークスの未来に思いを馳《は》せると、注視していきたいのが「育成」のさらなる変革だ。24年12月、神宮球場で開催された「ＮＰＢ12球団ジュニアトーナメント」でホークスジュニアが15年ぶり2度目の日本一を達成した。ジュニアチームが球団統括本部傘下に入って3年目。新体制のもとで強化が着実に進んでいるようだ。

日本球界に残るプロ・アマ間の壁がいつかなくなれば、トップチームからジュニアチームまでの育成のシームレス化、そして球団が思い描く巨大な選手ピラミッドの形成が実現に近づく。〝育成のホークス〟の第2章の幕開けに期待が膨らむ。

野球振興部部長の須山晃次が語った、「指導者育成部」を立ち上げる構想も興味深い。良質な指導者を育てる仕組みの整備は、ホークスの強化に貢献するだけでなく、日本球界全体に一石を投じることにもなるだろう。今後どのように具現化するのか、注目している。

本書の執筆に当たっては、各方面の方々から多大なる協力をいただいた。

まず何より、福岡ソフトバンクホークスの球団関係者の方々。皆さまの協力なくして本書が形になることはなかった。ＧＭの三笠杉彦さんをはじめインタビューに応じてくださった方々と、膨大な取材調整など手間のかかる仕事を的確にこなしてくださった広報室の池田優介さん、篠原周至さん、加藤和子さんに感謝を申し上げたい。

そして、企画から取材執筆に至る一連の過程に伴走し、惜しみないサポートをしてくださったSHAPE Partnersの藤熊浩平さん、駒宮健大さん。本書のクオリティを高めるために妥協なき姿勢で編集に当たってくださった日経ＢＰの竹居智久さん。ここに書き切れなかった方々も含め、皆さまのお力添えに心から御礼を申し上げたい。

本書を通して、一人でも多くの読者に新たな発見や視座をもたらせたとしたら、筆者としてそれに勝る喜びはない。

日比野恭三

２０２５年2月

日比野恭三 ひびの・きょうぞう

1981年宮崎県生まれ。2001年東京大学入学。04年同退学。広告代理店などでの勤務を経て10年にスポーツ総合誌『Number』編集部の契約編集者に。野球を中心に同誌面の編集と記事執筆に従事した。16年ノンフィクションライターとして独立。スポーツやビジネスなど幅広いジャンルで執筆活動を展開するほか、ブックライターとしても実績多数。著書に『最強部活の作り方 名門26校探訪』（文藝春秋）、『待ってろ！　甲子園 青鳥特別支援学校ベースボール部の挑戦』（ポプラ社）、「青春サプリ。」シリーズ（共著／ポプラ社）がある。

ホークスメソッド　勝ち続けるチームのつくり方

2025年3月31日　第1版第1刷発行

著　者	日比野 恭三
発行者	松井 健
発　行	株式会社日経BP
発　売	株式会社日経BPマーケティング 〒105-8308　東京都港区虎ノ門4-3-12
装幀・本文デザイン・DTP	中川 英祐（トリプルライン）
作図	中澤 愛子
帯写真	共同通信
校　正	株式会社聚珍社
編　者	竹居 智久
印刷・製本	大日本印刷株式会社

ISBN 978-4-296-20789-3　Printed in Japan　